JN131013

国際地域研究 |VI|

北海道教育大学函館校
国際地域研究編集委員会 [編]

大学教育出版

序　　言

　長期にわたって猛威をふるった新型コロナウイルス感染症（COVID-19）は感染症法上の2類から5類に移行し、以前の日常が徐々に戻ってきた。その間も、世界は変転目まぐるしく、私たちに日々新たな課題を突き付けている。

　変化のなかでも、このところ急速に進んでいるのが社会のデジタル化ではないだろうか。教育の現場でデジタル機器の活用が必須となって久しいが、目覚ましく台頭してきたのが人工知能（AI）である。オンライン上にあふれる大量の情報を収集、学習して、文章や音楽などのコンテンツを作り出す「生成AI」のうち、「チャットGPT」と呼ばれるサービスは、利用者の質問や指示に対応して論理的な文章をたちどころに作成してくれるというので、利用者が急増した。これはレポート作成にも威力を発揮するため、各大学ではその扱いに頭を悩ませており、学生に対しては、生成AI利用に関するガイドライン等を示して対応している。それは、著作権を侵害する恐れがあるというだけでなく、真偽を判断する力、自分の頭で考える習慣が身につかないという懸念があるからにほかならない。

　科学技術の進歩は、たしかに私たちの暮らしに利便性をもたらしてくれている。しかし、それはすべてを解決してくれる魔法の杖ではない。私たち一人ひとりが自ら知性や精神を鍛えあげて、幅広い視野、真偽を見極める力、我慢強さ、粘り強く思考する力を身につけてこそ、情報技術の活用によって真の利益を享受できるに違いない。

　いま世界は不安な時代に入っている。ロシア軍によるウクライナ侵攻や、ハマスの攻撃を直接の契機として始まったイスラエルのガザ制圧、そしてアメリカと中国の緊張した関係など、世界情勢の先行きは混とんとしている。

　少子化・超高齢社会の日本もまた、先行きは不透明感に包まれているが、より良き未来は、地域社会の活性化を抜きには語れないだろう。当事者意識を持って、目の前の課題の解決に向けて粘り強く取り組んでいく必要がある。

　地域社会の拠点である大学は、そのための最新の知見、持てる知的資源を、地域社会に広く提供することに加え、その知見や知的資源をもとに地域課題の解決に貢献する責務を負っている。

　北海道教育大学は、グローバル時代にあって国際的視野を備え地域社会の活性化に寄与できる人材の育成を図ろうと、2014年、函館校に国際地域学科を設置した。それからちょうど10年の節目を迎え、学科の研究成果を世に問うために刊行を始めた『国際地域研究』も今回で通巻6冊目となった。これまでの蓄積の上に新たな領域を開拓していくチャレンジ精神が、いっそう問われていると言えるだろう。読者の皆様には、忌憚のないご批判、ご叱正、ご意見を仰ぎたい。

　2024年4月

北海道教育大学長　　田口　哲

国際地域研究 Ⅵ

目　次

第1部　国際地域研究の座標軸

第 2 部　教育に資する国際地域研究

第 3 部　シンポジウム

第1部

国際地域研究の座標軸

講演録

グローバル化する日本における
地域社会の役割を考える

ウスビ・サコ

　皆さんこんにちは。これから私が経験してきたことを中心に話をしたいと思います。

グローバルネットワークの中にある故国マリ

　最近マリに行きました。マリではガソリンの値段が日本より高い。ナイジェリアやアルジェリアなど、産油国はマリの周りにあります。でも採れた原油はヨーロッパの会社が精製してから再びアフリカに入れていますから。

　アフリカでは今、食料が高騰しています。実は多くの農家が使っている肥料はウクライナから来ていて、今は海路が通れないので運べません。他人事だと思われがちのものでも、自分たちの日常生活に関係があります。

　マリではオレンジマネーという電子マネーの看板をよく見かけます。アフリカの経済の80パーセント（%）はインフォーマルセクターだと言われています。登録をしない、銀行口座を持っていない、税金も払わない——でもオレンジマネーが普及してくると、農家でも携帯さえ持っていればお金が使える、振り込みができる、商売が活発になっていく——。

　ウエスタンユニオンといって、私たち海外に住んでいる外国人、特にアフリカ出身者にとっては悩ましい国際送金システムがあります。よく言われるんですよ、親とか親戚から「お医者さんに行って処方箋が出たのでカネを送って

くれ」って。昔は「日本からの送金は難しい」と言ったら諦めてくれたのですけれど、ウエスタンユニオンならセブンイレブンから送れるんですよね。「私が日本にいなかったら、あんたらみんな死んでるよ」って思うぐらい、毎月親戚が電話してきます。そういうグローバルネットワークの中で物事が行われていきます。何の変哲もないマリの町を歩いていても、世界とつながっているということがわかります。

　私が日本に来たのが1991年、バブルがちょうど終わるころで、当時の日本は寛容でオープンでした。自信が溢れている人が多くて、外国人も受け入れられて、排除されることがあまりありませんでした。でも、私が住んでいる京都も次第に少子化、高齢化が進んで、空き家率は全国で一番なんです。コミュニティが脆弱になってくると、他人に支配されるのを恐れて排他的になるんですよね。京都の経済は外国人観光客に依存しているのに、京都を歩くと「外国人観光客来るな」「観光公害」と書いてあったりする。グローバル化による社会の変化に、そもそも私たちは準備していなかったということなんですよね。でも私は、まだ日本には可能性があると信じています。日本は、宗教的に絶対駄目だということがあまりない。日本の曖昧さが、これから大事になってくると思います。

　私は19歳になるまでマリに、その後中国に6年間住んでいました。大学は中国です。その後日本に32年なので、人生の中で日本が一番長い。2002年から日本国籍を持っているので日本人歴も長いはずなのです。でも私が、「俺も日本人やで」って言ったら、「お前何言うとんねん」ってツッコミが来ると思います。それぐらい日本は多様化が進んでいないのです。

多様化が進んでいない日本社会

　人権意識に関わることですが、Black Lives Matterのときにテレビでコメントを求められたのですが、そのとき画面に出てきた私の肩書紹介テロップに「黒人大学長」と書いてあったので大炎上しました。わざわざそう書く必要があったのかなと思います。面白いのが、日本の放送用語を調べると「黒人」はOKなのですよ。でも世界ではこういう書き方はしません。アフリカ出身、マ

リ出身など別の言い方があります。日本でたくさん人権被害があるわけではないけれど、unconscious（無意識）なのですよね。unconscious bias（無意識の偏見）というのは、多様性を重んじる社会では大きな問題です。意識して変えなくてはいけないことがたくさん出てきます。

　日本は海外からどう見られているでしょうか。「日本のパスポートは強い。世界のいろいろな国に行ける」と日本の方は言います。けれど日本のパスポートには1つだけ欠点があります。出生地が書かれていないのです。本籍地しか書かれていません。

　皆さん、私のパスポートを想像してください。「ウスビ・サコ、京都」としか書かれていません。それをパリの空港で渡したら、まず顔を見られます。そして係官が私のパスポートを持っていったん消えるんですけど、5分ぐらいで戻って来ます、「パスポートは問題ない。こいつが問題だ」という表情で。
――日本のパスポートを持つスポーツマンか？　サッカーの体じゃないやろな、バスケットでもないね――「相撲？」と言われます（笑）。オランダでは自動ゲートを通るとき、アラームが鳴って審査官が来ました。外部機関でしか調べられないからと、空港で足止めされて、3時間か4時間ずっと待っていると、「パスポートは大丈夫だった」のですが、当然ながら私が乗るべき飛行機は行ってしまいました。「なんでこんなことになったのか」と聞いたら、「あなたが日本人であるということを、（顔を識別する）AI（人工知能）が学習できていない」と言われたんですよ。AIも後れを取っているのです（笑）。

　日本に戻ってくると毎回、関西空港では税関の方が、私のパスポートを手にして"How many days in Japan?"と言うから、"I don't know."と答えたら、「はあ？」。そして"Alien card please."と言うので"I don't have."と答えると、すごく怒った顔をするのです。「パスポートを見てください」と日本語で言うと、ここでだいたい気付きます（笑）。毎回、海外旅行に行くと新しいエピソードができるので、けっこう楽しんでいます。

　私が京都精華大学の学長に選ばれたのが2018年です。入学式で学生たちに「私でもここまで来れたのだから、皆さんにも可能性がある」という話をしました。子どものときには自分が何になるかわからないけど、自分を信じ続けて

いくことが、さまざまな可能性につながるということを言いました。学長になったことが New York Times 紙やフランスの Liberation 紙で報道されました。そのとき皆さんが言っていたのが、「日本は均質的で閉鎖的で、外国人に可能性がない」ということです。1 年経ったところで、私は *New African* という雑誌で、「世界で最も影響力があるアフリカ人 100 人」に入ったらしいのです —— 何もしてへんのに。それぐらい日本が今、注目されているわけですよね。

　私の専門は建築で、人間と空間の関係性を取り上げています。建築をつくるときに、誰がこの場所を使うか、その人がどういう意識・価値観を持っているかを調べながら空間をつくっていきます。地域コミュニティは、もともと血縁社会だったのが社縁社会に変わっていきました。家族ぐるみで地域が繋がっていくのですけれど、今の日本は家の中でも家族が分断していますね。お父さんはお父さんの社縁を持っていて、お母さんも子どもも自分の世界を持っているという個の集合体になってきています。この状況をどう考えて建築空間を作るかということを研究しています。

多言語を使い分ける多民族国家マリの日常

　せっかくなので、ここで勝手にマリの紹介をしたいと思います。マリは 2 ～ 15 世紀あたりはガーナ王国、マリ帝国、ソンガイ帝国などが存在した場所です。複数の民族が住んでいて、どの民族も文字を持っていませんでした。無文字社会なので、口頭で物事を調整したりしていたわけですね。世界文化遺産に登録されている『クルカン・フガ憲章（マンデ憲章）』という世界で最も古い憲法の一つで、口頭形式の憲法がありました。植民地化前のアフリカは、そういうものが可能だったわけです。植民地支配の中で文明開化と言われて、とにかく教育がないから教育させるとなったのですが、昔はそういうことが可能でした。グリードという世襲制の語り部の人たちがいたのです。口頭で歴史が語り継がれていました。そのときにさまざまな楽器を使います。例えばバラフォンといって、ひょうたんを使った木琴みたいな楽器、あるいはコラという 21 弦の楽器。ちょっとコラの音を皆さんにお聞かせしたいと思います（コラ演奏

の映像上映）。こういう音が出ます。これを演奏しながら、語り部の方が誰かの歴史を称えたり、その地域のことを歌ったりするのです。これ以外にもトーキングドラムみたいな、押さえながら音を出す楽器や、あとはブンブンという楽器も使ったりします。

　アフリカの地図を見てください。こんな不自然な国境はあまりありませんね。これが16世紀以降、18世紀、19世紀になってフランスが植民地にした地域です。独立後、フランス語を公用語、準公用語、使用言語にしている国ですね。マリは公用語がフランス語で、私たちは学校や仕事ではフランス語を、家に帰ったら自分の民族の言葉、あるいは地域の言葉を話します。考えてみてください。フランス語で読む小説『雪が降ったある日』―― って、いつやねん、マリには雪降らへん ――。出てくる名前とか、出てくるものが自分の生活の実態の中にないのです。それが公用語。あなたの母語は何ですかと聞かれたことがあります。日本では母語というのは1つの言葉だと思われがちですが、私の小さい頃の言葉の風景だと、お母さんが話す言葉、おばあさんが話す言葉、おじいさんが話す言葉がみんな違っていたわけです。たくさんの言葉が同時にありました。さらにフランス語学校に行くと国語としてのフランス語、第1外国語は英語、第2外国語はロシア語で、コーランをアラビア語で読みます。だから、自分の言葉の発達の中で母語という概念を持ってきませんでした。学校でフランス語を使っていたから、思考言語はフランス語になっているかもしれません。母語の捉え方というのも、これからの国際社会の中で定義が変わってくるのではないかと思います。

　マリで一番問題なのが識字率の低さです。フランス語が公用語なのに、読み書きができる人は少ない。でも政治家のマニフェストも、役所も、ニュースもフランス語です。かなり矛盾した、アフリカの国民国家（nation state）システムですよね。

学校教育とは別に地域・家の教育がある

　この場が教育大学ですので、マリの教育の話をしたいと思います。日本のODA（政府開発援助）でマリには150校ほど小学校がつくられています。小

学校は6年、中学校3年、高校3年ですけど、マリを含むフランス語圏では留年制度があります。小学校1年生のときに成績が悪い人はもう1回1年生をやります。2回までは許されますが、3回目は退学です。小学校から中学校、中学校から高校に行くときには国家統一試験、高校を卒業するときにはバカロレアがあって、これも留年制度があります。面白いのが、マリの田舎に行くと、とくに小学校の先生に賄賂を出す慣習があるんです。しかも賄賂とわかりやすくて、牛1頭とか、羊1頭。これは、うちの子どもを留年させてくださいということなのです。彼らから見ると、学校って輸入物なんですよ。学校に行くとだんだん偉そうになります。地域の中で合わない人になってくるのです。しかも学校の結果というのはいつ出てくるかわかりません。でも農業をやれば10年間は何とかなります。彼らは学校へ行けば行くほど地域から離れてしまうのです。地域が過疎化してしまうわけですよね。多分日本も同じ現象だと思うのですけど、そういうことで学校に行くのをあまり好まない人が多いです。

　マリの教育で面白いのが、地域の教育、家の教育というのがあるという点です。

　私は3人兄弟の長男です。マリで3人兄弟というのはありえないぐらいに少ないのです。私の一番仲のよい友だちは、28人兄弟の18番目です。サッカーチームが2つできるぐらいです。でも私が小さいころ、家には常に20～30人住んでいたんです。そのうち20人ぐらいが「初めまして」の人なんですよ。お父さんの田舎の隣の田舎の知人――「誰やねん」って話やけど――そういう人たちが都市部に用事があってやってきます。その日のうちに用事をすませたらいいのに、「急いでません」とおっしゃるんですよね。急いでいないうちに1年間住み着いているのです。その人たちが私たちのことを怒ったり、注意したり、説教したりします。マリでは、自分の親以外に、いろんな他人に育てられます。これがとても大事なことです。赤の他人に注意されたり、いろいろな大人がいろいろなことを教えてくれたりして、子どもの頃を過ごしたわけです。日本でもかつての地域社会はそうだったのではありませんか。

　なかでも大事な教育は、食事マナーと挨拶です。マリではご飯を囲むとき、たとえ他人であってもその中で一番年をとっている人が音頭をとるんで

すね。その人が「食べなさい」って指示を出さない限り、食べては駄目なのです。私が小さい頃に一番悔しかったのが、その人たちが指示を出し忘れることでした。私たちはその人が食べているのをにらんでいるのですが、食事のときには話したらいけないんですね。あと肉が2切れか3切れぐらいのときにようやく「君ら、肉食べませんか」みたいな……。ツッコミどころ満載ですが、ツッコめないんですよね。小さいころ私は、とにかく大人に、ずるい大人になりたいと思っていました。

　もう一つの挨拶ですが、マリの挨拶は長い。最低3分。「こんにちは」では駄目なんです。「よく眠れましたか？　学校の人はみんな元気ですか？　町の人はみんな元気ですか？　ここまで来るときにすれ違った人はみんな元気ですか？」──。「知らんがな」って話なんですけど、それを繰り返していくのが大事なんですよね。小さいころはしっかり挨拶が指導されます。日本に来ると、挨拶が貧困でしたね。学校でも、「ん」とか、言いたいのか言いたくないのかよくわからない。

　マリの教育は、学問は学校で教えます。倫理、道徳、子どもの人間形成は、地域・家でやります。そこがしっかり分かれています。

日本に来て苦しかったこと

　マリには23の民族があって、30以上の言葉があります。私はソニンケ族で、自分の住んでいるところではバンバラ語とかフランス語とかを使います。でも私自身が勉強した言葉で一番大変だったのが日本語なんです。日本語は文脈依存言語、contextual な言語ですよね。文法がわかっても、文化がわからないから話せません。

　京都は大変ですよ。言ってることと思ってることが違います。「家に遊びにおいで」と言われて、行ったんですよ。すると「本当に来ちゃった」って言われました（笑）。うるさくすると近所の人がやってきて、「サコさん賑やかでいいですね」。本当にいいのかなと思って「今度来てください」って言ったら、警察が来ました（笑）。

　私は高校を卒業してから中国に渡りました。経由地のパリで、生まれて初

めて自分の人種というものに気付かされたんですね。アフリカにいるとき、黒人であるとか、自分は違うという意識をしたことがありませんでした。でも、パリで初めて違う扱いをされるわけです。さらに、道を掃除しているのが黒人だったり、話してみたらマリ人だったりします。その人たちからも排除されるのです。「お前はエリートだから、どうせ我われの気持ちはわからないでしょ」と。初めて自分の立場や、自分が社会の中でどうしたらよいかということを感じさせられたのです。

　中国では1年間中国語を勉強して、その後学校に入りました。中国人はすごく積極的で、私が歩いてると走ってきて触るんですよ。「あれ、色が落ちないですね」って。「落ちないですね」って中国語で答えると、「中国語を話すのか。仲良しになろう」みたいになって、よく友だち申請されます。本当に遠慮がありません。喧嘩はいつでもできました。終わったらもうすっきりして何も残らない。ストレスフリーです。

　日本に来ると、チラ見。小さい子どもが、「ママー、あのおじちゃん……」「言ったらあかん」── 見たかったら見ろよ、聞きたかったら聞いたらええやん ──。自分自身の存在がタブーにされる、ちょっと不審者がいるみたいな感じですよね。そこが一番苦しかったところです。

　私が日本に来た1991年は留学生10万人計画の時代でした。その後、留学生30万人計画があって、今度40万人計画が始まります。学校や教育研究機関などでは留学生を受け入れる準備ができました。でも社会のほうに準備ができていませんでした。それこそが、留学生受け入れの課題でした。

　私も京都大学に入りましたけれど、いくつか苦しいことがありました。一つは割り勘です。私が来たときはバブルの時代で、よく晩ご飯が宴会に変わりました。みんなよくお酒を飲むんです。お酒を飲んだ後に割り勘にするのですが、私は、一滴も飲まないのに皆さんの酒代を出すのです。それはちょっと腑に落ちないですね。

　もう一つ、日本人と話すと、やたら「おない（同じ）」かどうかという確認をされます。人との上下関係を設定しない限り付き合いを決められない。「これってなんなん？」と思いました。あと性格を判断しがちです。私が何か行

動すると、あいつＡ型っぽいんちゃうか、いやあの机の汚さはＯ型やろとか……。どうでもいい話なんですよ。私と話して友だちになったらええのに、Ａ型かＢ型か、フレームを作って人と付き合うというのが苦しかったです。

　もう一つ苦しかったのが下宿です。1年目は京都大学の寮で結構良かったのですが、寮を出て不動産屋さんで部屋探しをすると、「礼金と敷金を払って」と言われました。「礼金って何ですか」って聞いたら、「昔からそうなんです」と。説明がありません。「何で払うんですか？」「みんなが払うから」── これってハイコンテクストな文化です。「説明しなくてもお前わかれよ」という話なのですね。

　私は、佐々木さんという良い人の家に住みました。佐々木さんは着物の帯の絵を書いていた人で、2階にアトリエを持っていて、私が1階を使ったんですけど、毎週パーティーをしていたのです。そうしたら佐々木さんに日本語で、「君の場所は狭いので、僕の自宅でパーティーをしてください」と言われました。それを本気だと私は信じて、毎週自分の友だちを佐々木さんの家に連れて行きました。最初は5人6人だったのが10人になって、15人になって、20人になりました。ある日佐々木さんが、「20人もいたら顔がわからへん」とおっしゃいました。これも多分、深い日本語ですよね。佐々木さんはほんとうに困っていると私は思って、全員の顔写真を撮って佐々木さんに渡しました。この人はどこそこの国出身などと書いて、これだったらわかるだろうと（笑）。多分、「いい加減にせえよ」という話だったんですよね。こういうコミュニケーションがわからなくて、苦労するところが多いのです。

異文化の理解とその受け入れ方

　それから、日本の異文化の受け入れ方です。2年間関わった私の学生たちに、私のことをどう思うか形容詞で書いてくださいと言って、書いてもらったのがこれです。「トトロ」── いいですよ、「外国の人」「力持ち」「アフリカ」。これが意味わからへん、「アラブの石油王」。「黒い」、わかります。「マフィア」？ ── 2年間一緒に勉強した自分たちの先生やで。同じ質問を初めて会う高校生にしてみました。「外国人」「黒い」「お金持ち」に見えるらしいん

ですよね。そういうことを書かれます。京都精華大学は初めて漫画学部をつくった学校なので、私の写真を渡して「私の似顔絵書いてください」って言ったら、出てきたのがこれなんです。見てのとおり、100回見直したんですけど、私じゃないんですよこれ。歯も目も、どこも似ていないんですよね。

　これは異文化理解の中ですごく重要な概念、文化スキーマ（schema）です。私たちが他者を認識するとき、知識や情報で認識することが多い。中国人が目の前にいても、今まで自分が映画とかいろいろなところで見てきた中国人を通してその中国人を見てしまうのです。私の絵を描いた学生、私のことを一言で語った学生は、自分たちが体験した記憶とかそういうもので私を見て表現してしまうのです。これがステレオタイプ化につながってしまいます。異文化理解で、他文化圏あるいは個人を特定のフレームに指定してしまうというのが結構あるのですね。

　京都のおばあさんに日本語で道を聞くと、おばあさんは「英語わからへん」っておっしゃるんですよ。「いや、おばあさん、日本語ですよ」ってなんぼ言うてもね、おばあさんの中で、「この人は日本語はわからない」という設定をしていて、私が何を言おうとしてもおばあさんの耳にたどり着くまでに全部外国語になるらしいのですよ。異文化理解の中ではよくある摩擦です。相手を自分の知識で判断してしまうのです。昔から、歴史的に差別とか区別とか排除につながったのが文化スキーマなのです。役割期待を相手にしてしまいます。一定のフレームに収めて見てしまって、そのフレーム、パッケージで判断してしまうのです。

　私は学生のときに、外国人がお客さんではなくて社会参画をするために、「飛び魚」という組織をつくりました。留学生が自分たちで日本語教室をつくったり、地域の中学生とお寺回りをしたりして、英語で交流します。毎年、鴨川ではワールドフェスティバルを開きました。ボランティアで登録してくれた人たちがたくさんいました。

　ここで重要なのが、他者と出会うことによって自分を再発見するということです。自分自身というのは当たり前のことが多くて、わかっていないものです。認識がないのです。でも、他者と話すときに他者を鏡として、初めて自分

が見えてきます。異文化交流は、自分の文化を理解する手段でもあるのです。

グローバル化で重要なのは同化・同調ではなく多様性

　もう一つ重要なポイントは、私は京都のことを一所懸命いろいろ勉強するのだけれども、同化するつもりはないということです。自分のアイデンティティをしっかり保ちながら、日本社会の中に一員として入っていくということが重要なのです。日本では、「郷に入れば郷に従えと」と言われがちですが、同調的にみんなが同化していくのではなく、自分のアイデンティティを持ちながら共生社会に参加するということが重要だと思います。

　共生社会というものを、どうつくっていくか。最近、「グローバル化と社会」の授業で、学生たちにグローバル化で連想するキーワードを挙げてもらいました。去年は「世界」や「2050年問題」「SGDs（持続可能な開発目標）」などが出ましたが、今年は「多様性」という言葉がよく出てきました。学生たちにとって今、「多様性」がすごく重要なことなのだと思います。辞書によると、グローバル化とは、政治・経済・文化などさまざまな側面において、従来の国家、地域の垣根を越えて、地球規模で資本や情報のやり取りが行われること、つまりヒト、モノ、カネ、情報が国境を越えて自由に行き来することですね。

　注意したいのが、国際化とグローバル化の違いです。国際化は、一国対一国あるいは一国対複数の国の関係で、国の枠で物事を判断します。グローバル化は、個や特定の集団が国の概念を超えて存在します。

　このグローバル化で重要なのが「多様性」です。多様性というのは、人種、性別、宗教、性的指向、社会的・経済的背景および民族性の個人間の違い、これを意識するということです。私たちは今まで個人間の違いを意識しようとしませんでした。「友だちだからみんな一緒だよ」というのは、同調的に一緒だとされているだけです。兄弟であっても違うわけです。違いを受け入れるということが非常に重要なのですよね。これまでは違いを受け入れず、「いや一緒だから」というパターンでした。

「空気」を読むのではなく自分の意見を相手に伝えよ

　私は学長になって、マイノリティを優遇する政策だけじゃなく、マジョリティの意識改革に力を入れました。同調的に自分がマジョリティだと思っている人、苦しんでいる学生が多くいました。友だちと違う、でも違いを打ち出したら仲間外れにされる、認めてもらえない、排除される ── そういう人たちがヴォイスを持てるように、どのように意識を改革するかということに力を入れました。

　グローバル化が進む中で私たちはどうなっていくでしょうか。世界のマクドナルド化のように文化が似通ってしまうこと、共通認識、思い込みというのが一つの問題。もう一つはコミュニケーションの問題です。グローバル化時代に差別が増えたり、民族対立や地域紛争が増えたりしているのは事実です。これはコミュニケーションが課題ではないかと言われてきました。

　皆さん、エドワード・ホールという人の『かくれた次元』とか『文化を超えて』という本をぜひ読んでいただきたい。ホールは、直接的な言葉ではなく文脈や暗黙知を重視しながらコミュニケーションをとる文化をハイコンテクスト、それに対して言葉どおりの明確な意味に沿って論理性を重視しながらコミュニケーションをとる文化をローコンテクストと分類しています。そして日本の「空気」は、ハイコンテクストの最たる例だと言っています。どちらが良いとか悪いとかいう話ではありません。ただ社会が多様化していくと、例えばハイコンテクストで話が通じないときに、相手が悪いということではなく、相手にどう通じるかをお互いに認識する、歩み合っていくというところが重要なのです。学生たちはよく、意見を言わないのが美徳とか、物事を批判的に捉えないとか、人に合わせる方がトラブルが少ないと言いますが、かえって自分を不自由にして苦しんでいる学生が多い。それだったら、相手にしっかりと自分の意見を伝えた方がよい。

　なぜ日本社会が均質的と言われるのでしょうか。私は6年ほど中学校のサッカーの監督をしました。だいたい親が練習に来て、口を出してくるのです。ミニゲームが多いとか、もっと基礎をやれとか、うちの子どもはヘディングが足りないとか……。よその子と一緒に並べたいんですよね。でも、なぜみんな

が同じレベルでないといけないのでしょうか。なぜそういう社会になっていくのでしょうか。

日本の教育に欠けていること

　日本の若者も、最初からそうではありません。私はよく幼稚園や小学校に遊びに行くのですが、自分で名前をつけています。「ナスビ・タコ」という名前です。一度、小学生がコメントで、「ワサビ・タコ」の方がおいしそうです―― って、レベル高すぎるやろこの小学生（笑）。小学校低学年ってすごいんですよ。3〜4年生までの子どもは私に対して「ナスビ先生、なんで黒いの？」って聞くんです。私もだいたい言うことは準備していて、「テニス焼け」って答えます。すると彼・彼女は深く考えて、「うちのお父さんテニスやってるけどこんなに黒くない」と言うから、「君のお父さんは甘いな」って話す―― こんなやり取りをしているうちに、「テニスだけでここまで焼けへんやろ、こういう人種がいる」と気づいてくるんですよね。ここがすごく重要で、私はその子に対して答えを教えていません。日本では、早く答えを見つけた子が賢い、答えがあるから答えを見つけろというように教育してきています。でも、このやり取りの間、問いと答えの間に、無数の好奇心という知識の訓練があります。これが教育に欠けていることなのです。

　経済協力開発機構（OECD）加盟国の先生の働く時間を見ると、日本は非常に長いけど、子どもにかける時間は短い。子どもにやり取りの時間をなかなか与えません。早く答えを見つけろ、答えがある、というのは先生にとってもプレッシャーですよね。

　子どもたちが大きくなっていくと、今度はみんな同じようなフレームでモデリングしようとします。個性が大事だと言いながら、個性が育つようにしていないのです。フレーム化教育の問題とは何かということを、オピニオンという雑誌の記事で書きました。例えばいじめ問題。日本だけでなく世界中にいじめ問題があります。でも日本のいじめ問題を見ていくと、相手に「嫌だ」と言えないのです。コミュニケーションの準備運動が難しい。一番大切な時期に、個としての自我の確立と同時に、他者を重んじる力を養えていないというのは

フレーム化教育の弊害だと思うのですね。皆に合わせないと排除されるからです。

人口減少社会の日本でこれから大事になること

　これからの日本社会はどうなっていくのでしょうか。2050 年に日本の人口は減り、高齢化率が高くなります。私が入っている政府の検討会で明らかになったのが、日本の国内総生産（GDP）成長率を維持するために、2030 年に 400 万人、2040 年には 600 万人の外国人を入れる必要があるということです。検討会では、日本語とか情報アクセスの話がよく出ます。

　1950 年代にドイツ、スイスがたくさん外国人を入れたとき、マックス・フリッシュという作家が言ったのが、「労働力だけが欲しかったのに人間がついてきた」。やってくる外国人は、成人している、宗教を持っている、文化を持っている、癖を持っているわけですね。その人たちを労働力だけでは見られません。これから一緒に日本社会を構成する大事な人たちとして、どう考えていくか。例えば新大久保へ行くと、「ここはどこやねん」というぐらい外国の文化も浸透しています。あちこちの地域社会で、ムスリムも増えていて、アラビックとかコーランを勉強するところがあり、外国の子どもたちの姿も目立ちます。京都では、外国人がいないと成り立たない祭もあるわけです。労働者としてだけではなく日本社会の構成員として外国人を見て、お互いに歩み寄っていくこと、ハイコンテクストとローコンテクストの組み合わせをどうしていくかということが重要ではないかと思います。

　それがアイデンティティ問題にも繋がっています。生まれてから死ぬまで、一つの文化社会の中で過ごすというパターンはもうなくなっているわけです。日常生活の中にあらゆる国の人の暮らし、仕組みが溢れていて、もう自分の国の常識だけでは生きていけません。このときに、軸となるアイデンティティが重要なのではないかと、リチャード・セネットという学者が指摘しています。自分を知らない人は他人を排除しがち、自信のなさの裏返しが排他性だと。彼が言っているのは、異文化だけを理解するんじゃなくて、自分の文化を理解したうえで異文化と交流するということが重要だということです。自分を

受け入れられる人は、他人も受け入れられます。受け入れるという判断ができます。日本はまず、それぞれの地域の文化をしっかりと理解し、教育したうえで、異文化を埋解していくことがポイントだと思います。

　グローバルな人間というのは、自分の文化をしっかりと見つめて、さらに異文化から学ぶことが非常に重要だと思います。

　私の大学の取り組みでは、数値目標を設定していました。留学生を 30%に増やしたくて、すべての試験を留学生にオープンしました。日本語で試験して、それができればよいと。ダイバーシティ宣言では、一人ひとりがキャンパスの中でどうやって自分の居場所を持つのかということを大事なポイントにしました。また、みんなのトイレとか、さまざまな指標も作りましたし、国際交流拠点も作りました。留学生と日本人学生がディベートできるというようなことを心がけました。

「早く行きたければ一人で進め。遠くまで行きたければみんなで進め」

　私が非常に重要視しているのがコモンズの精神です。学生であっても先生であっても、話し合いの場を設けて、話し合ってものを決めることは重要です。

　ソクラテスが言うダイアログが非常に重要です。コモンズの精神では、自分が何者なのかということから始まり、他者が何者なのか、自己を認識する中で他者の存在をどうするか、自分を受け入れている人は、他人も受け入れられるということがすごく重要です。学生たちに、自分の言葉を持てと言っています ── 第三者の言葉で話すのではなく、自分がどう思うのかを語れ。日本語の中では難しいかもしれませんが、自分の意志で自分が話すのです。他者の言葉を他者の名前で話すということなるべくさせないようにしながら、学生と一緒にディベートの場を増やしていきました。

　私はゲリラ的に学生たちを海外に連れて行きます。アフリカに連れて行ったり、晩ご飯で焼肉を食べたいと学生が言うから韓国に 2 泊 3 日で焼肉ツアーに連れて行ったりしました。後で大学にずいぶん怒られましたけれどね。私は、彼らの日常の中で当たり前じゃないものと出会うことによって、自分自身

を認識してほしかったのですね。私たちは、教育というのは教室に閉じ込めて教えるものだと思い込んでいますが、そうではない場面で、学生の違う力が出てくるのです。そういうことをすごく大事にします。

　私は、メディアでそういうことを語ってきました。ワンフレーム化とか、自由をどう考えるか、毎月テーマを決めて、うちの学生にイラストをつけてもらって伝えています。この社会で私たちが支え合って、ダイアログすればいろいろなことができるよという、グローバルって言いながら、実はローカルから始まらなくてはいけないよねというメッセージを出しています。

　最近、私の大学で作った施設の話をして終わりたいと思います。学生たちは教室の中で、知識ではなくて情報を与えられています。でもそれを、教室の外で学生がコミュニケーションを取り合うことによって知識に変えていくのです。情報を知識化するということが非常に重要で、そういう施設を新しく作りました。皆さん京都精華大学に来ることがあったらぜひ見てください。

　アフリカに、「早く行きたければ一人で進め。遠くまで行きたければみんなで進め」ということわざがあります。これがコモンズ、当事者同士が話し合って社会の方向を決めていくということです。私たちは、学生たちにずっと答えを出すということを教えていますが、問いを立てる力はあまり教えていないのではないでしょうか。答えがない世の中になってしまっているところで、問いを立てられる力をどう身に付けるかということを、学生たちに伝えるべきではないかと思います。自分の変化を恐れるな、問いが重要だということであります。

　私の話はここまでです。パネル・ディスカッションでまた話をさせていただければと思います。ご清聴ありがとうございました。(拍手)

第 1 章
現代クロアチアの欧州化と地域の多層性
―「学級隔離」後のロマ教育政策から ―

山川　卓

は じ め に

　「地域」という言葉は多元性をもち、ある人の生活圏を示す狭い地域から、1つの大陸をそのまま示す広い地域までさまざまな意味で用いられる。現代の国際社会を多元的な地域の重なりという視点から図式的に捉えた場合、地球が1つの「グローバル」な単位として最広域の地域にあたり、その下にアジアなどの「リージョナル」な地域があり、さらに日本などの「ナショナル」な地域が置かれ、その内に北海道や函館などの「ローカル」な地域が存在するという構図になるだろう[1]。グローバル化が進展してきたと言われる現代において、国際的なレベルでの地域から国内的な位相での地域に至るまでの重層的な政治空間で、統治の相互作用がいかなるあらわれ方をするのかという論点は、一つの議論を提起している（松下　2009）。

　欧州では、とくに1990年代以降の欧州統合の進展により、国内政治と国際政治の空間の融合が進んできた。その結果、リージョナルなレベルでの政治的な決定は、ナショナル、ローカルな単位での実践と直接結びつくことになり、広域の地域から狭い地域までを貫く統治の現実があらわれている。欧州において、広域での統治と下位地域での統治が影響を及ぼし合う構造は、「欧州化（Europeanization）」[2]という概念を通じて論じられてきた。「欧州化」は論者

が焦点を当てる現象によって異なる用いられ方をされてきた概念だが、ここでは欧州連合（EU）のような欧州地域レベルでの国際組織によって形成される制度および政策方針が、国内およびローカルな地域レベルでの方針と実践の再編を迫るという作用を指すものとする。

　過去30年にわたり、欧州化を経験してきた地域の一つがクロアチアである。クロアチアは1990年代のはじめに旧ユーゴスラヴィアの解体と紛争を経て独立し、2013年にEUに加盟した。独立後の国家建設および紛争後の平和構築が、将来的なEU加盟という目標の下で進められたために、構造的に避けがたい状況で欧州化のプロセスが進められてきた。他方で、同じく過去30年の時期に欧州で重要な政策課題として掲げられてきたのが、「ロマ（Roma）」[3]の人々の包摂・統合であり、その端緒としての教育である。「ジプシー（Gypsies）」や「ツィガン（Cigani）」といった呼称で名指されることもあるロマの人々は、欧州全域に居住するマイノリティとして、多くの場合に社会の周縁に置かれてきた。その状況が1990年代以降に欧州レベルで問題化され、主要な政策対象として取り上げられるようになった。一定のロマ人口を抱えるクロアチアにおいても、ロマ教育政策は欧州化を体現するものとして展開されてきたのである。

　本章では、ロマ政策を事例としたクロアチアの欧州化プロセスを通じて、広域から狭域までの地域を貫く重層的な統治のあらわれ方を論じる。とくに、ロマ児童に対する教育政策が、後述する「学級隔離（school segregation）」の問題を軸として、どのように変遷してきたかに焦点を当てる。「学級隔離」の解消という目的が、欧州、クロアチア、ローカルな地域の3つのレベルでいかなる意味を持ったのかを明らかにすることで、現代の国際社会における統治構造を解釈する一つの視角を提示したい。

1.　欧州のロマ教育政策 ― 教育課程への統合と学級隔離 ―

　ロマの人々に対する教育が、欧州で問題化されてきたのはなぜだろうか。その背景には、近代社会および国民国家が成立する過程で、ロマが周縁化されてきた歴史がある。国家の「所有者」としての国民共同体の一体性を自明視し、行政機構による人口の管理を前提とする近代国民国家において、ロマは完全には国民に同化しえないとともに、常に管理を外れる人々として、当局によって対象化されるカテゴリーであった。その構図の下にロマの人々に対する構造的な差別と迫害が生じ、逆に周縁化の中で生き延びるための生活形態が、ロマとしての独自の文化とアイデンティティをつくり上げ、さらに主流社会との距離を広げることになったと論じられる（ハンコック 2005：196）。

　主流社会から排除される構図は、現在に至るまで継続していると言える。例えば、2019 年にピュー研究所で実施されたアンケート調査では、ロマに対してネガティブな印象をもっている人々が過半数を超える国が大半であった[4]（Wike et al. 2019）。ロマという属性に対する主流社会のイメージと偏見は、差別意識とともにさまざまな空間からロマの人々を排除する傾向につながり、教育現場もその一つとしてあらわれる。

　実際に、2005 年から 2015 年にかけて展開された「ロマ包摂の十年」イニシアティブの枠組みで実施された調査では、初等教育でのロマ児童の修了率が、いずれの国でもロマではない児童よりも低い数値になっており、バルカン地域では 50 パーセント（%）を下回る国も多い。また、ほとんどのケースで女子児童の修了率は相対的に低くなっている（表 1-1）。こうした状況の背景には複合的な要因があると考えられてきたが、しばしば指摘されるのは、読み書きを含む言語能力や学校で学習するために必要な社会化が、進学の段階で十分ではないという点である。同時に、教育現場での差別や、教育および学校に対するロマ児童・保護者の不信、教育の修了が必ずしも雇用につながらない社会状況、仕事の手伝いや早婚などで学校へ行けなくなるなど、社会・文化構造的な問題も指摘される（Babić 2012：105-106；Potočnik et al. 2020：59, 80）。

ロマを教育課程に組み込み、主流社会に統合するという試みは、18世紀のハプスブルク帝国における同化政策などに見られるように、古くから行われてきた。近年では、欧州の地域国際組織が加盟国に対してロマ児童への教育の取り組みを促すという構図が目立つようになっている。

欧州国際組織によるロマ包摂政策が体系的に展開されるようになったのは、冷戦終結後の1990年代に入ってからである。1980年代末からの体制転換を経験した

表 1-1　初等教育の修了率（2014 年）

	ロマ児童	ロマ児童 （女子）	非ロマ 児童
アルバニア	27%	25%	93%
ボスニア	40%	34%	92%
ブルガリア	53%	46%	96%
チェコ	83%	84%	93%
ハンガリー	77%	73%	96%
北マケドニア	73%	64%	96%
モンテネグロ	29%	18%	91%
ルーマニア	80%	77%	97%
セルビア	46%	45%	88%
スロヴァキア	81%	79%	98%
スペイン	78%	45%	No data

出典：Kushen 2015 より筆者作成

中東欧の旧社会主義諸国は、もともとロマ人口を多く抱える地域であった。同地域では体制転換を通じた社会変動によって、西欧への人の移動が活発になるとともに、ロマの人々の置かれる社会経済状況が悪化した。西欧諸国は多くのロマ移民が自国内に流入することを懸念し、中東欧地域内でのロマの状況を改善するための政策指針を定めようとしたのである。その枠組みは、中東欧諸国がEUや北大西洋条約機構（NATO）などの欧州国際組織への加盟を目指す中、旧「西側」諸国を中心とする欧州国際組織が提示する加盟条件を通じて国内の制度改革を進める非対称的な構図の下で強化された。

さらに2000年代に入ると、世界銀行や国連開発計画の欧州支部によって、ロマの置かれる社会状況は欧州の開発上の課題として把握されるようになり、国際NGOの「開かれた社会協会」とともに前述の「ロマ包摂の十年」イニシアティブが開始される。この過程で、ロマの人々が直面する問題は、教育、雇用、保険、住居という4分野に焦点が当てられることになった。教育分野においては、就学前教育への包摂や、義務教育の修了者数の増加、および義務教育を超えた高等教育への就学者数の増加などが重点課題として設定されたのであ

る（山川　2018：85-90）。

　しかし、単に数字上の就学・修了率を高めるだけであれば、ロマ児童が受ける教育がどのような形であっても構わないということになりかねない。ロマ児童に対する教育に関して、とくに欧州の学校現場で問題視されてきたのが「学級隔離」[5]である。この言葉は、ロマ児童が教育課程に組み込まれる際に、ロマ児童のみの学級あるいは学校に編成される事例や、後述のように知的障害児童らを含む特殊学級に高い割合でロマ児童が編成されるなどの事例が批判的に取り上げられる文脈で使われるようになった。そうした慣行は、少数民族に対する同化教育の歴史をたどれば深いルーツをもつと考えられるが、直接問題化され始めたのは、冷戦構造が解体した後の1990年代である。欧州ロマ権利センターなどのNGOが、教育現場でロマ児童が前述のような状況に置かれることを、かつて「人種隔離」と闘ったアメリカの公民権運動にならい、「隔離」という表現を用いて批判する運動を展開したことによって、改善を求める要求や脱隔離を進めるプロジェクトが地域から国際的なレベルにまで広がった（Taba & Ryder 2012：17）。他方で、各国の当局や学校レベルでの「学級隔離」に対する問題化には温度差があり、必要に応じて「隔離」措置をとっているという認識が一般的だったと考えられる（Memedov 2010：76-77）。

　ロマ児童に対する学級隔離への対応を決定的に方向づけたのは、2007年に欧州人権裁判所の大法廷で下された「D.H.ほか判決」である。この裁判は、チェコ国内の小学校で、ロマ児童が学習障害をもつ児童のための特殊学級に編入されたことを差別として訴えを起こしたものである。訴えが起こされた州では、特殊学級へ編入されるロマ児童の割合が非常に高く、ある統計では全体でのロマ児童の比率が2.26%であるにもかかわらず、特殊学級では56%となっていた。判決では、特殊学級への編入は法的に適正な手続きを経て行われていたものの、ロマ児童の比率の高さは間接差別の存在を疑うに十分であり、合理的な正当化を認められないとして、欧州人権条約の差別禁止の原則に反するとされたのである（佐々木　2014：410-411）。

　この事例で問題にされたのは、直接差別ではなく間接差別であった。直接差別の場合、行為そのものが特定の集団に所属する人々に対する差別となる

ケースであるのに対して、間接差別とは、行為自体は差別的なものではなくと
も、結果として特定の人々に著しい不利益をもたらすケースに成立する。上記
の事例の場合、判決では、ロマ児童を特殊学級に編入する際の手続き自体は、
通常の児童に対してと同様、適正に行われていたとされる。その一方で、学習
障害の有無を判断するためのテストについて、ロマ文化を考慮しないデザイン
であり、ロマ児童に対するバイアスをともなったテスト結果の解釈がなされ、
そのうえで心理学・教育学的理由づけが不十分であったと判断されている。す
なわち、主流社会とは異なるバックグラウンドを有する児童が、一義的にその
ことによって学習障害をもっていると判断され、本来必要とされる主流社会の
言語や文化的振る舞いを身につけるための教育とは異なる環境を与えられると
ともに、「通常学級に入る能力がないロマ」という偏見にさらされたことが問
題とされた。ひいては、間接差別の事例の背後で、社会に広く根づいていたロ
マに対する差別意識が影響を及ぼしていたことも考慮され、解釈されたのであ
る（佐々木　2014：410-413）。

　D.H. ほか判決を皮切りに、欧州人権裁判所ではギリシャ、クロアチア、ハ
ンガリーなどでのロマ児童に対する学級隔離に関わる訴えが提起されてきた。
それにより、2000 年代以降の欧州国際組織が推進するロマ教育政策では、ロ
マ児童に対する学級隔離を解消することが主要な目的の一つとして掲げられ、
各国はロマ包摂の取り組みを促されてきた。それと同時に、2010 年代後半以
降、欧州国際組織によるロマ包摂は「主流化」を強調するようになっている。
これは、ロマ包摂を、ロマに対する特別な支援を通じて図ろうとするのではな
く、広く社会全体の課題の中に位置づけることによって実現しようとする方
向性である。教育現場では、ロマ児童をロマではない児童と合同の学級に編成
したうえで、浮かび上がる学習上の問題に対処するという方向性になる（山川
2021：134-135）。

　欧州国際組織によるロマ教育に対する方針は、主流社会への統合を進める
ための始点としてロマ児童の教育課程への統合があるというものであった。そ
れゆえ、学級隔離のように教育現場でロマ児童を他の児童とは別の学校や学級
に編成するというやり方は、差別的意図の有無を問わず、それ自体が目的に反

するものだったと言える。ここでは、ロマを対象化して必要な支援を提供するという構図ではなく、主流社会の側にロマの問題を組み込む政策方針が、ロマ教育政策に関する欧州化の基礎として設定されたといえる。では、欧州レベルで策定された政策方針は、各国政府レベルでの指針に対してどのような影響を及ぼしてきたのであろうか。

2. クロアチアのロマ教育政策 ― 学級隔離判決を起点とした転換 ―

　クロアチアを含む旧ユーゴスラヴィア諸国は、1990年代の分離独立後、他の旧社会主義諸国と同じく、EUなどの欧州国際組織への加盟を外交目標として掲げた。その過程で、欧州レベルで設定される加盟条件への国内の制度・政策の適合と、そのための国際組織からの予算配分を通じた欧州化が進められた。

　ロマ政策の展開も、そうした欧州化プロセスの一部として位置づけることができる。クロアチアでは、2000年代に入ってから体系的なロマ政策の指針が打ち出されるようになった。最初期に定められたのが2003年の「ロマのための国家プログラム」であり、その背景には同時期に進展していた「ロマ包摂の十年」イニシアティブにつながるような、欧州における共通のロマ政策指針を形成しようとする動きがあった。「ロマ包摂の十年」が正式に発足した2005年には、参加国の一つとしてクロアチアにおいても行動計画が策定された。行動計画では、「ロマ包摂の十年」で焦点が当てられた4つの目標分野と国家プログラムの内容を照らし合わせつつ、具体的な方策と評価指標が設定された。さらに2012年には、新たに「2013年から2020年までのロマ包摂のための国家戦略」が策定された。この文書は、前年にEUが採択した「2020年までのロマ統合国家戦略のためのEU枠組み」が、加盟国に対して戦略文書を策定するよう求めたことに応じて打ち出されたものである。

　過去20年間のクロアチアにおける一連のロマ政策の展開を鑑みると、欧州国際組織で示された指針を後追いする形で、国内政策として埋め込み直して

いることは明らかである。直近では、2020年に欧州委員会が公表した「2020
～ 2030年の平等、包摂および参加のためのEUロマ戦略枠組み」への応答と
して、「2021 ～ 2027年のロマ包摂のための国家計画」が策定されている。欧
州レベルでのロマ政策が不在であったとしたら、クロアチアでもロマを特別な
対象とした政策指針は形成されなかったとまで言えるかどうかは定かではない
が、少なくとも欧州の戦略として設定されているロマ政策の目的と照らし合わ
せなければ、クロアチア国内のロマ政策の意図が明確にならないということは
確かである。

　ロマ児童への教育に関して言えば、前述の「学級隔離」の問題への対応が、
欧州レベルでの政策との照合を示す参照点となった。クロアチアで裁判が起こ
された学級隔離の事例は、2010年に欧州人権裁判所で下された「オルシュシュ
ほか判決」に関するものである。これは、クロアチアの小学校[6]でロマ児童
のみの学級に編成された元生徒たちが、特殊学級に編入されたことで在学期間
のすべてあるいは大半をロマ児童のみの学級で過ごすことになり、通常の教育
を受ける機会を失ったとして、欧州人権条約における差別禁止規定への違反を
訴えたものである。訴えを提起された小学校およびクロアチア政府側は、特殊
学級への編入が差別的意図に基づくものではなく、クロアチア語能力の有無に
よるものとして、差別を否定した。しかし、欧州人権裁判所大法廷では、言語
能力を基準として学級を編成しながら、クロアチア語学習の時間が十分にとら
れていなかったこと、および通常学級に再編入される基準が設定されていな
かったこと、ロマ児童のみの学級編制に教育上の合理性が十分ではなかったこ
とで、間接差別が成立するという判決が下された（Memedov 2010：78）。

　欧州人権裁判所の判決では、ロマ以外の児童の保護者たちが、自分の子ど
もがロマ児童と同じクラスに入ることに対して抗議活動を展開していたことも
指摘されており、D.H.ほか判決と同じくロマ児童が置かれた社会的文脈を重
視する間接差別の原理が採用された。間接差別の法理をもって判断されたこ
とで、差別の挙証責任が国家の側に移り、従来の法的判断では申し立てを認め
られるのが困難であった事例についても、ロマに属する人たちが置かれてい
る状況を考慮したうえでの司法的救済がなされることが可能になった（佐々木

2014：418-419)。言い換えれば、小学校でのロマ児童への教育が、社会的な
ロマ包摂政策の構造に位置づけられることを、欧州国際レベルの司法機関が裏
づけたということである。2007 年以降、法的拘束力をともなう判断によって
欧州化が進められる道筋が準備されたとも言え、クロアチアのロマ教育政策も
その流れに沿っている。

　オルシュシュほか判決を受けて、クロアチアのロマ教育政策は転換した。
2003 年の国家プログラムではロマ児童のクロアチア語学習のため、積極的に
そのための特殊学級へ編成することが推奨されていたものが、2012 年の国家
戦略の段階では、学級隔離の解消が目標とされるようになったのである。その
延長で、改めてクロアチアのロマ政策の土台が作られることになった。

　2010 年代以降のクロアチアにおけるロマ教育政策については、2 つの変
化が挙げられる。一つは、それまで以上に幼稚園や保育園などでの「就学前
教育」に重点が置かれるようになったということである（Dukić i Kukovec
2015：141)。クロアチアにおけるロマ教育でとくに問題化されてきたのは、
小学校入学時点でのロマ児童のクロアチア語能力や、学校内での規範に合わせ
た生活をする習慣の欠如であった。前述のオルシュシュほか判決においても、
特殊学級への編成自体は、明確な差別的意図によるものというより、ロマ児童
の主流社会への適応能力と学校現場のキャパシティの間での調整手段という意
図で実践されたと解釈されている。しかし、学級隔離の否定によって、小学校
でそうした手段をとる正当性は失われる。それゆえ、その前段階で小学校での
学習に適応する能力を、ロマ児童に育むことが重視されたのである[7]。

　もう一つは、ロマの人々を取り巻く実態を包括的に把握しようとする試み
が実施されたことである。独立以前の 1980 年代、また独立後の 2000 年代前
半にも、クロアチア域内のロマの人々の生活状況を調査する試みは行われて
いた。しかし、それらは研究機関が主導する小規模な調査であり、直接的に政
府の政策につながるような包括的なものではなかった。それが、「ロマ包摂の
十年」やロマ国家戦略の枠組みでの取り組みを受けて、ロマの生活実態を把握
し、効果的な政策実施のための基準データを得ることが必要であるという意見
が高まり、2017 年に人権・ナショナル・マイノリティの権利事務局によって

基礎調査が実施されたのである（Kunac et al. 2018：33）。

　この調査では、まず国内のロマ人口が集住している地域の大まかな状況を把握するための事前調査が行われ、ロマ・コミュニティの構成員の社会的属性や地域的な特徴が整理された。続いて、ロマ当事者およびローカルな地域でのロマ政策担当者らへの聞き取り調査が実施され、ロマ人口のニーズや、マジョリティとの関係性、ロマ包摂の障害となっている要素などについての関係者たちの現状認識が明らかにされた。そのうえで、聞き取り調査の結果は数量化され、ロマ人口の詳しい生活実態を統計的に把握するための指標とされたのである。調査結果は、教育、雇用（経済的生活）、保健、社会福祉、都市計画・住居、社会文化的生活への包摂、法的地位の問題・差別との闘い、制度的枠組み、といった問題領域ごとにまとめられ、公表されている（Kunac et al. 2018：52-53）。

　基礎調査の実施は、クロアチアにおけるロマ政策の質的な転換を示すものと考えられる。すなわち、2000年代までのロマ政策は欧州国際組織によって準備されたロマ政策フレームをなぞるものであり、決してクロアチア政府によって主体的に展開されたものではなかった。他方で、複数のプログラムを通じて確立されたクロアチアのロマ政策は、学級隔離の解消を含めて実効的な対策を進めなければならなくなった。それまでは、学級隔離が問題であるとされた一方で、その実態や、統計上の割合や、当事者であるロマ児童・ロマ共同体での学校に対する認識について、包括的な調査は行われていなかったのである。ロマの生活実態のデータ化は、クロアチア政府が欧州の位相でのロマ政策の要請を内面化したことの証左とも言える。調査結果の概要がまとめられた報告書では、それまで実施されてきた国際・国内レベルのロマ政策が成功とは言えないと評価されたうえで、この基礎調査が今後の政策形成の基準参照点となることが期待されている（Kunac et al. 2018：11-12）。

　2000年代以降のクロアチアにおけるロマ政策は、欧州のロマ政策によって誘導されたものであり、学級隔離の問題化もそれに従ったものであった。その限りでは、クロアチアのロマ政策は国内の教育環境やロマが置かれた一般的な状況ではなく、外部からのインセンティブを受けて形式的な欧州化として展開

されたものと言える。しかし、学級隔離に問題の焦点が当てられて以降、クロアチア政府独自の意図をもったロマ政策が徐々に展開されつつあることも見て取れる。言い換えれば、学級隔離の否定を一つの契機として、ロマ政策の必要性がクロアチア政府の政策論理に埋め込まれたということである。

　では、なぜ学級隔離の問題化によって、国内におけるロマ政策の論理が変化したのであろうか。一つの理由は、後述するように学級隔離への対応が一筋縄でいかないものであり、欧州レベルでの政策的要請に従うと同時に、現場での教育状況に合わせて適用しなければならないという点にある。国レベルの政策が実際に反映されるのはローカルな地域レベルであり、多層的な統治構造の基層にあるフィールドである。以下では、クロアチア政府の方針の変化を受けた各自治体、学校レベルではロマ児童包摂のための取り組みがどのようにあらわれてきたのかを検討する。

3.　ローカルな実践 ― 就学前教育と学級隔離解消の難しさ ―

　地域の教育現場レベルでは、学級隔離そのものの解消以上に、学級隔離が発生してしまう背景にある構造的問題への対処が志向されてきた。そこには、大きく分けて2つの問題がある。一つは、都市部以外の地域の多くでロマが集住している状況という問題であり、もう一つは、学校環境へ適応するためのクロアチア語能力を含めた土台を、ロマ児童の多くが小学校に入るまでに身につけていないという問題である。

　前者は社会構造の問題であり、ザグレブなどの都市部では、ロマ人口の多くは偏りをともなうことなく、他の人口と混ざり合いながら居住しているが、他方でロマ人口が最も多いメジムリェ郡などでは、ほとんどロマのみで構成される「ロマ集落（Romsko naselje）」に集住している場合が多い（Sležak 2019：65）。そうした集住地域を含む学区に位置する学校では、必然的にロマ児童の数が多くなる。都市部の学校では自然な形で混合クラスが可能であるのに対し、メジムリェ郡の学校では、まず地域の人口配置的に学校単位でロマ児

童の数の偏りが生じやすくなっており、事実上の学級隔離状態が発生しやすいという問題がある（Mikić i Babić 2014：47）。

　そのうえで、ロマ児童が学級隔離の対象とならないために必要とされる前提に関わるのが後者の問題である。その前提とは、学校教育を受けるうえでの習慣・規則の尊重、他者との協調、基礎的な言語能力といった、学校の中で具体的にあらわれる主流社会の慣習・規範に対する適応能力を意味する（Višnjić Jevtić et al. 2018：79）。オルシュシュほか判決で問題とされた学級隔離の事例で、学校側はクロアチア語能力が不十分なロマ児童を特殊学級に編入していたと主張した。判決が下された後のクロアチアのロマ政策においても、クロアチア語能力の習得が前提になることは否定されない。ロマ児童が主流社会に包摂されていく最初のステップとしての学校で隔離という躓きを回避するために、一定の同期が必要とされるという論理である。それゆえに、小学校へ通う前の段階での就学前教育の意義は強調されてきた。そこで十分なクロアチア語能力とクロアチア社会におけるさまざまな文化的背景を学習しておけば、進学した際に他のロマではない児童たちと同じ授業を受けることができる。そうではない場合には、学習についていけないために特別な措置をとる必要が出てくる、という理屈である。

　しかし、ロマ児童の就学前教育への取り込みには複数の障害が指摘されてきた。まず、ロマ児童の幼稚園・保育園へのアクセスが確保されていないという問題である。とくに都市部ではないロマ集落に暮らすロマ世帯の多くにとって、就学前教育施設が遠方にあることが、通学の困難につながる。それは同時に幼稚園・保育園の数と受け入れ可能な児童の数の少なさも示しており、両親が働いている世帯でなければ児童を預かれないという条件を設けている施設も多い。そのことは、失業率が相対的に高く、正式な雇用関係の下で働いている両親が少ないロマ世帯にとっては不利な条件として働く。さらに、就学前教育のプログラムを受ける児童の場合でも、幼稚園・保育園に通い始める時期が遅く、より早期に開始した場合に比べて学習効果が低くなるうえに短期間で終わってしまい、小学校で教育を受けるために必要な前提条件を身につけることができないという問題も指摘されている。そして、就学前教育を受ける意義に

対して保護者の理解が及んでいないという点が、根本的な問題として挙げられている（Potočnik et al. 2020：34-36）。

　そうした問題を背景にしながら、3・6歳のロマ児童の4人のうち3人は就学前教育を受けていないという調査結果も出ている（Potočnik et al. 2020：40）。十分なクロアチア語能力をもたず、しかし学級隔離につなげないために、混合クラスで学習するロマ児童は、逆に授業についていけず、教員も十分にフォローすることができなくなり、ドロップアウトする確率が上がってしまう。クロアチア語能力が足りないために混合クラスで教育を受けても、むしろ苦労するという分析もなされている（Lapat i Gornik 2017：197）。逆に、十分な就学前教育を受けてこなかったロマ児童が多くを占める学級・学校では、ロマ児童のやる気を損なわず、修了率を上げるために教育の水準を低くせざるをえなくなり、ロマではない児童の親は子どもを転校させるようになり、事実上の学級隔離が進んでしまう。他方で、もとから学校に対して不信感を抱いているロマ児童の両親、ロマ共同体は余計に不信を深めるという悪循環にもつながる（Mikić i Babić 2014：54）。

　さらには、就学前教育の中で、教員たちのロマ社会に対する無理解が問題になっているという点も指摘されている（Kyuchukov & New 2016：631）。就学前教育を実施するためには、ロマ児童や共同体の側の変化だけでなく、ロマ児童と社会に対する学校側の理解も必要だが、しばしばその点は、隔離を廃して包摂を実現しなければならないという社会的・政治的圧力を前に後景に退く。

　就学前教育を通じて学級隔離を解消することの難しさは、学級隔離が学校のみで解消可能な現象ではないということにある。学級隔離が発生する背景には広い社会構造の中でのロマ共同体の位置づけが原因としてあり、主流社会とロマ社会の関係性によって規定されるロマ児童の学習環境がある。そうした社会構造を変えるうえでの始点となるはずのものが教育だが、その教育現場で包摂が進まない状況が、既存の社会によって生み出されているというジレンマがある。

　他方で、そのような問題の根深さがクロアチアにおけるロマ政策の転換を

導いたという解釈もできる。つまり、欧州の位相で形成された指針をそのまま導入するだけで解消する問題であれば、それをクロアチア政府が内面化する必要もなく、ただクロアチアが欧州基準の国であることを示すために戦略的に適応するだけでよい。しかし、現実には学校レベルで主流社会に適応しきらないロマ児童に対してできる限りの教育を提供することと、学級隔離によってロマ児童が差別的な構造に位置づけられた末に社会に放り出されることとの間で、可能な道を探ることになる。そのため、クロアチアのロマ教育政策の欧州化は、単純にトップダウンによって進むのではなく、調整を必要とするがゆえに、クロアチア政府にとっても必要な政策として内面化されたと考えられる。

おわりに

　本章では、学級隔離をめぐるロマ教育政策の変遷を事例として取り上げながら、欧州 ─ クロアチア ─ 自治体・学校での政策実践の相互作用を論じた。チェコでの事例と欧州人権裁判所での判決を契機として問題化された学級隔離は、欧州レベルでのロマ政策の枠組みの中に解消すべき問題として位置づけられた。クロアチアにおけるロマ政策は、欧州レベルでの政策方針に沿って形成されると同時に、国内での学級隔離事例であるオルシュシュほか判決を経て構築された。そのうえで、学級隔離を解消することの困難さから、欧州から押しつけられる政策としてではなく、政府が必要性を内面化する政策に転換した。

　ここでは、リージョナルな位相で設定された学級隔離に対処する政策方針が、ローカルな現場での実践と離齬をきたしたがゆえに、ナショナルなレベルで主体化された政策形成を引き出したという言い方ができる。それゆえ、2010年代以降のクロアチアにおけるロマ教育政策の欧州化は、外部からの圧力に対して適応するだけではなく、一定程度内面化されたうえで進められるものに変わった。重層的な諸地域における統治という構造について一般化するならば、中間地域としての国家が、広い地域と狭い地域の調整役として立ちあらわれた事例と言える。

　他方で、クロアチア政府主導の政策は、学校現場からすれば欧州の位相で形成されるものと同じくトップダウンで与えられる課題である。本章ではローカルな現場での具体的な実践については十分に論じることができなかった。さらに、ロマ児童が学校を含めたクロアチア社会で経験することそのものが、政策潮流の中でどのように規定され、位置づけられるのかという観点も必要になる。それは、リージョナルからローカルまでを貫く統治を、最も基底的に問い直す視点になるだろう。上の2点については、稿を改めて論じたい。

注

1)　地域の多元性とは、設定する視点によって領域の地域性が左右されることに由来し、ここで示したグローバルからローカルまでの4つの位相の間には、無数の地域がありえる（Schäuble 2014：299-306）。

2)　欧州化の定義、分類についての詳細な議論は、例えば（力久　2007）を参照。

3)　「ロマ」とは、欧州に居住する複数の民族カテゴリーに属する人々を総合的に称する名前である。ロマを民族カテゴリーの名称として用いることには論争があるが、本章では欧州やクロアチアで政策の対象とされるカテゴリーを指す表現として、ロマという総称を用いる。

4)　ただし、以前の調査に比べて指標が改善したことも指摘されている。

5)　日本で同型の問題があらわれる可能性として、特別支援教育を受けている外国にルーツをもつ子どもの事例が挙げられる（大重　2021）。

6)　クロアチアの小学校は初等教育と前期中等教育を含む8年制となっている。なお、義務教育の期間は9年間であり、小学校での就学期間に加えて、小学校に入る前の1年間が、幼稚園や、小学校内に設置される「就学前学級」へ通学する期間として含まれている。

7)　クロアチア語能力が十分でない児童への教育の可能性として、母語による教育の可能性も存在する。クロアチアでは少数言語を組み込んだ義務教育過程での教育カリキュラムについて、「ABCモデル」と呼ばれる制度が導入されている。この制度では少数言語による教育の比重に応じてABCの3段階に分かれたカリキュラムの採用が可能であり、Aモデルでは、クロアチア語の学習が義務づけられたうえで、すべての授業を少数言語で実施できる。Bモデルでは、歴史や社会などの社会科学科目は少数言語で行い、算数や物理などの自然科学科目はクロアチア語で学習するというカリキュラムになる。Cモデルでは、通常のカリキュラムに加えて、マイノリティの言語、文化、歴史などを学ぶ科目を導入することができる。ただし、ロマについては、ロマ語で授業を行える教師が不足している点と、国内のロマ人口の間で言語が異なるという問題があり、2023年9月現在では各モデルのカリキュラムを採用した学校は存在しない（Babić i Škiljan 2019：393-394）。

引用・参考文献

大重史郎（2021）「在留外国人の子どもの特別支援教育をめぐる課題と考察：在日大使館による調査結果とインクルーシブ教育の必要性」『関係性の教育学』第20巻1号、25-40ページ。

佐々木亮（2014）「欧州人権条約における差別禁止規範の発展とEU法の影響」『法学新報』第120巻9・10号、397-427ページ。

ハンコック、イアン（2005）『ジプシー差別の歴史と構造：パーリア・シンドローム』（水谷驍 訳）彩流社。

松下洌（2009）「グローバル化とリージョナリズム：リージョナリズムの新たな可能性」篠田武司、西口清勝、松下洌編『グローバル化とリージョナリズム：グローバル化の現代──現状と課題』御茶の水書房、179-225ページ。

山川卓（2018）「『ロマ包摂の十年（2005-2015）』に関する一考察：東西分断と当事者参加の問題から」『立命館国際研究』第30巻3号、83-107ページ。

───（2021）「EUロマ政策規範：反ジプシー主義との闘いとロマの非対象化へ？」市川顕、高林喜久生編『EUの規範とパワー』中央経済社、125-145ページ。

力久昌幸（2007）「欧州統合の進展に伴う国内政治の変容：『欧州化』概念の発展と課題に関する一考察」『同志社法学』第59巻2号、29-67ページ。

Babić, D.（2012）"The Education of the Roma in Croatia: Statistical and Empirical Insights", in Bešter, R., Klopčič, V. and Medvešek, M.（eds.）*Formal and Informal Education for Roma*, Inštitut za Narodnostna Vprašanja, 99-109.

Babić, D. i Škiljan, F.（2019）"Obrazovanje Nacionalnih Manjina u Hrvatskoj: Usporedba Socijalističkog Poretka i Višestranačke Demokracije", *Historijski Zbornik*, 72（2）, 373-403.

Dukić, B. i Kukovec, D.（2015）"Romsko Pitanje u Kontekstu Europske Unije: Pomaže li Europa Integraciju Roma u Republici Hrvatskoj", *Politička Misao*, 52（2）, 131-155.

Kunac, S., Klasnić, K., i Lalić, S.（2018）*Uključivanje Roma u Hrvatsko Društvo: Istraživanje Baznih Podataka*, Centar za Mirovne Studije.

Kushen, R.（ed.）（2015）*Roma Inclusion Index 2015*, Decade of Roma Inclusion Secretariat Foundation.

Kyuchukov, H. & New, W.（2016）"Diversity vs. Equality: Why the Education of Roma Children Does not Work", *Intercultural Education*, 27（6）, 629-634.

Lapat, G. i Gornik, J.（2017）"（Ne）uspjeh Učenika Roma i Hrvata u Mješovitim Razrednim Odjelima", *Zavod za Znanstvenoistraživački Rad HAZU u Bjelovaru*, 11, 187-199.

Memedov, I.（2010）"European Court Denounces Segregated Education Again: Oršuš and Others v Croatia", *Roma Rights Quarterly*, 2010（1）, 75-79.

Mikić, L. i Babić, M.（2014）*Izvješće Organizacija Civilnog Društva: O Provođenju Nacionalne Strategija za Uključivanje Roma i Akcijskog Plana Desetljeća u Hrvatskoj u 2012. i 2013. Godini*, Institut Saveza za Tranzicijska Istraživanja i Nacionalnu Edukaciju.

Potočnik, D., Maslić Seršić, D. i Karajić, N.（2020）*Uključivanje Roma u Hrvatsko Društvo: Obrazovanje i Zapošljavanje*, Ured za Ljudska Prava i Prava Nacionalnih Manjina Vlade Republike Hrvatske.

Schäuble, M.（2014）*Narrating Victimhood: Gender, Religion and the Making of Place in Post-War Croatia*, Berghahn books.

Šlezak, H.（2019）*Integracija Roma u Hrvatskoj-Primjer Međimurske Županije*, Doktorski Rad, Sveučilište u Zagrebu, Prirodoslovno-Matematički Fakultet.

Taba, M. & Ryder, A.（2012）"Institutional Responses to Segregation: The Role of Governments and Non-Governmental Organizations", in Rostas, I.（ed.）*Ten Years After: A History of Roma School Desegregation in Central and Eastern Europe*, Roma Education Fund and CEU Press.

Višnjić Jevtić, A., Lapat, G. & Galinec, M.（2018）"The Role of Early Childhood Education in Developing Social Competence of Roma Children", *Croatian Journal of Education*, 20（3）, 77-91.

Web サイト

Wike, R., Poushter, J., Silver, L., Devlin, K., Fetterolf, J., Castillo, A. & Huang, C.（2019）*European Public Opinion Three Decades after the Fall of Communism*, Pew Research Center. https://www.pewresearch.org/global/2019/10/15/european-public-opinion-three-decades-after-the-fall-of-communism/、2023 年 9 月 15 日アクセス。

⎡コラム 1⎦ 「選べなさ」の政治学

　少し前、「親ガチャ」という言葉が流行った。子どもは親を自分で選べない。ガチャガチャを回してランダムに出てくるものと同じように、自分が存在するときには親は勝手に決まっている。自分で選べないことによって、その後の人生の多くが決まってしまう理不尽さに対する、シニカルな姿勢を含んだ表現である。

　私の専門分野は広い意味では国際関係論で、その中でも政治学のフィールドを専門としている。近代以降に確立された政治学の中心には、選べるか選べないかということ、言い換えると、人間の「意志」の問題が常にあった。近代政治の一つの前提は、人が自分の意志で選んで決めるということである。わかりやすい例は選挙だろう。自由で自立した個人が1つの票に関する決定権をもち、自分の意志に近い政策と候補者を自分で選び、投票する。1つの意志をもった諸個人が集まって、集団にかかわる決定を下すのが政治という考え方に基づく制度である。選挙だけでなく、議会の活動も、政府の活動も、政治運動も、すべて意志をもった諸個人による決定という前提がある。民主主義の根底には、自分たちで自分たちのことを決めるという集団的な意志決定の原則がある。もとより政治は人と人との共存にかかわるものであり、その意味で人間の意志と意志との相克は常に政治の中心にある。

　しかし、現実には人の生の多くは、自分の意志で選べないことに依存する。親だけではなく、性別、容貌、遺伝的特性、民族、宗教、階級、場所、時代……生まれた後の存在の仕方は、ある程度自分で選び修正することはできるが、もともとの生まれ方は選べない。可能な限りの自己決定が尊重されるべきである一方で、自分の意志で選べることは、もともとの自分の出発点である「選べなさ」の延長線上で一定の制限が置かれる。たとえばマイノリティの問題も「選べなさ」から始まっている。難しい言葉でいうと、共同体の「アンシュタルト性」が関わっている。アンシュタルトとは、社会学者のマックス・ウェーバーが使った表現で、①意志による決定（合理性）に基づく共同性の創出プロセスの背景に、②意志によらない事由（非合理性）に基づく共同体への所属が前提とされている共同体の性質を指した言葉である（ウェーバー 1977：78-79）。簡単に言えば、参加者の意志を反映することが政治なのだが、それ以前に政治に参加できるかどうか、どこまで参加できるかは、意志で選べないことによって決まっている、ということである。

　アンシュタルトな共同体への所属の仕方は、出生のルーツによって、自分

の意志とは無関係に（社会的に）決められる。選べないルーツに対する社会の側の意味づけが、諸個人の関係のネットワークの働き方を左右し、マジョリティとマイノリティの構造的な配置を発生させることになる。それゆえマイノリティの位置づけが問題にされる場合には、多かれ少なかれ、不条理が強いられる構造をいかに作り変え、ルーツにかかわりなく諸個人が主体としての意志を発露できる共同体をいかに形成するかという意図がある。言い換えれば、意志で選べないもので決まる世の中を、どうやって意志で選べるような社会にするかという問題意識だろう。

　しかしもう少し掘り下げて考えると、そもそも人はいろいろなことを自分で選んで生きているのだろうか。たとえば、「自立」している人は、自分が生きるために必要なものを、すべて自分の意志で選択して、決定して、整えているから「自立」しているのだろうか。しかし、生まれた瞬間から自立している人間は存在しない。成人した後も、さまざまな側面で誰かのケアを受けながら、揺らぐ主体性を保ちつつ自己決定の範囲を維持しているのが一般的な個人のあり方だろう。そのため、自由で自立した個人ではなく、ケアを必要とする依存した個人から政治を考え直そうとする議論もある（トロント2020）。その観点からすると、マイノリティの主体化は、マジョリティに属する個人と同じように、完全には達成されえないということになる。もちろん、自己決定の範囲を拡大するという意味で、社会的な位置づけがルーツと関係なくなるように平準化することには意味がある。しかし、ルーツにかかわらず、すべてを自分で決めて選択できる「完全な主体」になることはできない。

　それに加えて、個人の意志・選択は1つに限定できるとは限らない。人は矛盾した意志を同時に持ちうる。カレーが食べたいのにラーメンも食べたいという状態は時どきある（2秒で思いついた例なので忘れてほしい）。政治的な意志決定では、選挙のように意志を1つにすることが前提とされた設計になっている場合が多い。しかし、選択肢としてあらわれた候補者に100パーセント（％）納得せず、ジレンマを抱きながら投票する人は無数にいるだろう。実際には、いつもわかりやすい1つの意志だけがあるわけではなく、賛成と反対の意志を同時にもつときもある。何とも定まらない「本音」だけがある場合もある。それを仮のものとして1つの意志に擬制するのが、選挙における投票であり、「いいね！」である。

　逆説的だが、政治に意志を反映するためには、意志にこだわるだけでは不十分である。むしろ人の意志の手前にある、拾い上げられない要素に注目す

る必要がある。

　たとえば「身体性」である。雑駁なまとめ方だが、過去 10 年でスマートフォンが普及し、SNS を用いたコミュニケーションが増大した。youtube は 2010 年代に入って圧倒的な視聴者数を獲得した。COVID-19 の拡大による移動の制限は zoom を普及させた。インターネットが一般社会に普及したのは 1990 年代からで、携帯電話が使われ始めたのも同時期である。今では AI が人間に取って代わることが懸念されている。個人的には、この 30 年間の変化を振り返ると、やはり、自分の生活様式、コミュニケーションのとり方、発話の仕方、行動のリズム、他者と接するときの振る舞いが違ってきているように思う。それは単なる行動様式の変化ではなく、行う身体のあらわれそのものの変化でもあるだろう。身体性の変化は政治行為の変化に直結する。それを視野に入れることなく、自立した個人による選択を論じるだけでは足りない。

　あるいは、人以外のものの意志はどうだろうか。20 世紀後半に入り、動物や自然の権利に対する保障という考え方が広がってきた。これは、動物の権利に関する議論や、狭い意味での経済的合理性のみに基づく自然開発批判、および近年の環境危機の深刻化など複数の流れからあらわれているものと考えられる。しかし、動物に説法を説いた釈迦や、家畜小屋で生まれたイエスなどの逸話を持ち出すまでもなく、人間と動物を共通の地平に置く思想は古くからある。現在は、人間の都合のみを視野に入れたグローバル政治ではなく、人間以外の有機的なつながりを視野に入れた「惑星（planetary）政治」を提唱する議論もある（前田 2023）。人間の都合で測れないものたちの「意志」をどのようにくみあげながら共存するかということも、政治学の論点の一つになっている。

　人以外のものの存在を考えても、人の生は意志に基づく選択の連続というより、巻き込まれながら前へと動かされ、出来事に立ち会い、それをその都度引き受けることで進んでいくものではないだろうか（古田 2013：225-227）。その延長には、エンパワーメントによって自立性を獲得し、共同性の創出に向かう意志をもった主体としての個人だけではなく、ままならない状況に直面したとき、自らと周囲のリズムをあわせ／ずらし、そのつど接続／切断しながら自己が映し出される場を再形成し続ける、揺らぐ個人がある。

　そうした個人を生きることは、自己という主体を捨て去ることではない。マジョリティ、マイノリティという構造にとらわれてしまう関係性の中で、かろうじて作り上げられる限界的な主体とは別の、自らのあらゆる感覚をも

って自治を行い、「重さ」と「軽さ」を身体に引きつけながらとどめおく存在としての自己へ向かう意識である。

　そもそも「親ガチャ」の選べなさは、親が誰かということ以上に、「ガチャを自分で回してすらいない」ということにある。ただ生まれてしまったからには、勝手に始められた延長で、否応なく自らの意志をもちながら存在する。その点で、選べなさには普遍性がある。選べないことによって決まるものに対して、斜に構えて耐えるか、開き直って克服するか以外の道があってもよい。政治学とはその道をひらくためのものである。

参考文献

ウェーバー、マックス（1977）『理解社会学のカテゴリー』（林道義 訳）岩波新書。

トロント、ジョアン・C（2020）『ケアするのは誰か？：新しい民主主義のかたちへ』（岡野八代 訳）白澤社。

古田徹也（2013）『それは私がしたことなのか：行為の哲学入門』新曜社。

前田幸男（2023）『「人新世」の惑星政治学：ヒトだけを見れば済む時代の終焉』青土社。

（山川　卓）

第 **2** 章

「ネイション」の心理

― 自分は何人で、誰が同胞なのか ―

今在 慶一朗

は じ め に

ナショナルアイデンティティ（National identity）とは、自分がある国の国民であるという自覚のことであり、「国民意識」ともいう。自分が自分であるという自覚を「アイデンティティ」もしくは「自己同一性」というが、アイデンティティのうち、国民としての自覚がナショナルアイデンティティである。ナショナルアイデンティティはしばしば人間の感情や行動に強い影響を与える。人々は戦争が起これば国民の一人として自国を応援したり、戦争に協力したりする。隣国が自国に挑戦的な態度を示せば、憤慨したり、デモに参加したり、署名に協力したりする人もいる。

より日常的な例でいえば、テレビやネットで日本選手が出場する国際試合を観戦すると、まるで親しい友人や兄弟を応援するような気持ちになる人は少なくないだろう。日頃スポーツに関心のない人ですら、日本の選手やチームが勝ったというニュースを見ればうれしいと思う。極端な場合には選手の顔も名前もよく知らないまま、試合結果の得点を見るだけで誇らしい気持ちになる人さえいる。

冷静に考えてみれば奇妙なことである。応援している相手は、日本の選手、日本のチームというだけであり、たいていの人にとっては何ら関係のない

アカの他人である。なぜ日本人というだけで応援したくなったり、勝利を喜んだりするのだろうか。例えば、サッカーが好きで、強い選手が好きなら、ドイツやブラジルの選手を応援してもよいはずである。また、日本人だからという理由だけで日本人選手に共感するのであれば、普段、街で通りすがりの日本人に親しい感情を抱いたり、親切にしてあげたいと思ったりしてもよいはずである。

1. 社会的アイデンティティ

　「私は優しい」「自分は女だ」というように、自分自身に関する情報、イメージ、それらにともなって感じられる感情をまとめてアイデンティティという。そのうちとくに、「○○大学の学生」「××サークルのメンバー」のように、社会的属性や集団に結びついたアイデンティティを「社会的アイデンティティ」という。ナショナルアイデンティティは集団としての国を対象とする社会的アイデンティティの一種といえる。

　人々が社会的アイデンティティを持つようになることは、さほどむずかしいことではない。「最小条件集団パラダイム」という実験がある。まず、実験に参加した人々を、スクリーンに映った多数のドットを多く見積もったか、それとも少なく見積もったか、2種類の抽象絵画のうちどちらが好みか、投げたコインは裏だったか表だったか（Tajfel et al. 1971；Billig & Tajfel 1973）など、取るに足らない理由でグループ分けする。この後、参加者にさまざまな活動をさせ、その様子を調べたところ、彼らの多くは同じグループとされた人々に対して、好意的な評価を行いやすく、お金を分配する課題では他のグループの人よりも同じグループの人に対して「ひいき」しやすいことが確認された。このような現象を「内集団ひいき」という。この実験の様子を聞いて、と本当にそんなことで仲間意識ができるのか疑問に思われるかもしれない。しかし、初対面の他人に出会ったとき、同じ地域の出身者だとか、趣味が同じだとか、およそその人の人柄や生活ぶりとは関係のない些細な共通性であっても、そう

した共通点があることを知らされるだけでその人に親近感を抱いてしまった経験は誰にでもあるだろう。

それでは、なぜ、人々は些細な共通性だけで自分や他人をグループ分けし、内集団の人々に対して好意を持ちやすいのだろうか。一つの説明は、同じ集団の仲間であれば、モノやサービスを交換しやすく、仲良くしておけば自分にとって得なことがあると考えやすい習性があるとするものである（Yamagishi et al. 1999）。もう一つの説明は、自己を肯定する気持ちである「自尊心」を維持、さらには高揚するためというものである。クラスメートが全国中学校体育大会で入賞して同じクラスメートであることを誇らしく感じたり、在籍する高校の先輩たちが有名大学にたくさん進学して同じ高校の後輩であることを誇らしく感じたりする人もいる。人間は、取り立てて自分自身が何か活躍したわけでなくても、成功者と同じ集団のメンバーであることを自覚するだけで、手軽に誇らしい気持ちにひたることができるのである（「栄光浴効果」（Cialdini et al. 1976））。

このように、人間は集団を交換関係への期待と自尊心の維持のために利用していると考えられるが、こうした習性は教室や職場といった実際にすべてのメンバーと接触できるような比較的小規模の集団に限られるわけではない。人間はイメージすることができればどんなに大きな集団であっても、とくに外集団を意識した際には、その集団のメンバーとして自分の社会的アイデンティティを形成することが可能である。国境の海産物が豊富な島が他国に占領されているという話をきくと、その土地を所有しているわけでもないのに我が事のように憤慨する、見ず知らずのプレーヤーであっても日本代表選手や同郷のチームが試合に勝つと誇らしい気持ちになる……。こうしたことは、人々が実際には直接経験することができないネイション（国）という集団を想像し、自分がそのメンバーであると自覚することによって可能になる。

2.　2つのネイション：「民族」と「理念」

　アンダーソン（1983）は、『想像の共同体：ナショナリズムの起源と流行』[1] という著作の中で、「国民とはイメージとして心に描かれた想像された政治共同体である」（Anderson 1983：邦訳24）「国民はひとつの共同体として想像される。なぜなら、国民のなかにたとえ現実には不平等と搾取があるにせよ、国民は、常に、水平的な深い同志愛として心に思い描かれるからである」（Anderson 1983：邦訳26）と述べている。彼によれば、ネイションという概念は、他者に対して共同体のイメージを持つことによって初めて出現するとみられる。

　そして、このような共同体とみなされる集団カテゴリーについては2つのものがあると考えられてきた。一つは「民族（ethnic group ／ ethnicity）[2]」である。民族とは言語、信仰、生活習慣などの個別文化を共有し、「我々意識」で結びついている人々の集団のことである（綾部　1993）。

　ただし、民族という集団カテゴリーは明確なようでいて、その境界は曖昧である。ゲルナー（1983）によれば、「民族という概念も人々が他者と同じ民族に属していると認知するときにはじめて生じる人工物」である。人々が認知して初めて発生する主観的なものである以上、民族は客観的に実在するものとはいいがたいように思われる。

　ドイツを例にとると、かの国は1871にドイツ帝国が成立するまで、多くの領邦国家や自治都市などに分かれていたが、19世紀フランスのナポレオンによる侵略を契機として、当時の国や地域を超えて、ドイツ語を話す人々が同じ文化の下に暮らす「ドイツ民族」としての同胞意識を形成していったと考えられている（谷川 1999）。これは、現在のドイツあたりに暮らしていたドイツ語を話す人々は、以前から自分たちをドイツ民族と自覚していたわけではなく、フランスという敵が現れたことによって、初めてドイツ民族であると自覚したことを意味している。また、北米ではナヴァホ、クロー、アパッチといった集団はそれぞれ個別の民族であったが、それらをまとめて「インディアン」

とみなした白人たちによって彼らは1つの民族とみなされたといえる（綾部1993）。こうした例は、1つの民族とみなされる範囲が、状況や立場によって異なりうることを意味している。

　他方、民族ではなく、別のものに共同体意識の起源が見て取れる場合がある。例えば、アメリカにはさまざまな人種的ルーツを持つ人々が暮らしているが、彼らは自分たちを「アメリカ民族」と思っているわけではないだろうし、かつてイギリスから独立した際も、アメリカ人がイギリス人と民族的に異なるから独立を志したというわけでもなかっただろう。アメリカ人の場合、民族的な理由ではなく、アメリカ独立宣言に表されているような政治的・法的理念を共有することによって共同体意識が生み出され、また、そうした理念を共有することを約束した移民を広く受け入れてきた。同様の例としては、イングランド、ウェールズ、スコットランド、アイルランドといった別々の民族が同じ王と法律に従うことにしたイギリス、「自由」「平等」「博愛」というスローガンを掲げて王政を倒して成立したフランスなどが該当する。

　このように、ネイションには、民族・文化をもとに形成されたものと、理念をもとに形成されたものとに大別できるとする考え方がある。コーン（1944）は、ドイツ、東欧、ロシアで典型的にみられることから前者を「東欧型ナショナリズム」と呼び、イギリス、フランスで典型的にみられることから後者を「西欧型ナショナリズム」と呼んだ。また、イグナティエフ（1993）は前者を「民族ナショナリズム」、後者を「市民的ナショナリズム」と呼んでいる。

3. 誰が「日本人」なのか

　それでは、私たち日本人はお互いにどのような特徴を持った人々を、実際に同じ共同体のメンバーであると感じるのであろうか。民族ナショナリズムに即して考えると、民族という単位で共同体を捉えることになるが、先に述べたようにその定義は曖昧であるため、人々が実際に何を手がかりとして民族を

感じるのかは自明とはいえない。例えば、国籍が日本で、モンゴロイドで、両親とも日本人の家庭で育ったが、生まれてから一度も日本で暮らしたことがなく、日本語が話せず、日本の習慣も知らない高齢者は「日本民族」の一人といえるだろうか。あるいは、日本人配偶者と日本に定住しているアフリカン＝アメリカンで、自然な日本語を話すことができ、好物はサバの味噌焼き、奈良漬、お汁粉で、毎年神社に初詣に行き、お祭りのときには町内の人たちと神輿を担ぎ、普段は河内弁をまくし立てる熱烈なタイガースファンの人はどうだろう……。

　表2-1は日本人らしいと思う特徴について尋ねた結果をまとめたものである[3]。これを見ると、まず、肌や瞳の色のような身体的特徴ではなく、日本語が話せるということが日本人らしさを感じさせる最も重要な特徴であることがわかる。日本語が話せるということは、単に使用言語が同じであるということ以上に、意思の疎通が図れるという実際的なメリットがあるだろう。

　ゲルナーによれば、分業と流動性が高まった近代社会においては、正確な意思疎通のために、共通の読み書き能力を基礎とした一つの文化が形成され、

表2-1　日本人らしいと思う特徴　　　　　　（単位：人／％）

	全然日本人らしくない	あまり日本人らしくない	どちらでもない	やや日本人らしい	非常に日本人らしい
肌の色がペールオレンジ	1	1	111	103	20
	0.4	0.4	47.0	43.6	8.5
瞳が黒い	2	2	90	110	35
	0.8	0.8	37.7	46.0	14.6
日本語が話せる	1	0	36	82	119
	0.4	0.0	15.1	34.5	50.0
国籍が日本	1	1	44	84	110
	0.4	0.4	18.3	35.0	45.8
日本の習慣やルールを守る	1	1	28	107	100
	0.4	0.4	11.8	45.1	42.2
日本の文化や事情に詳しい	1	10	97	99	34
	0.4	4.1	40.2	41.1	14.1
日本で育った、日本に長く暮らしている	2	4	59	89	85
	0.8	1.7	24.7	37.2	35.6

中央集権国家がそれを保護し、人々はそのような社会に同一化するとされている。また、アンダーソンは、国民という共同体は出版によって誕生したと述べているが、これは、国民という集団は、人々が想像するにはあまりに大きすぎて、互いの存在を直接実感することは困難であるが、出版物を通じて情報を共有することができれば、遠く離れた不特定多数の人々と相互理解を育むことができるからだと述べている。こうしたことから、言語の共通性は人々に強い一体感をもたらすとみられる。

　世界には公用語が複数ある国がある。例えばカナダでは英語とフランス語が、フィリピンでは英語とフィリピン語が、また、インドではヒンディー語や英語の他に州ごとに異なる公用語があったりする。一方、英語は、イギリスでもアメリカでもオーストラリアでも南アフリカでも使用される。こうした国々では使用言語と国民であることが必ずしも一致しないので、特定の言語を話すことがその国の人らしさにつながらない可能性がある。ただ、日本では日本語以外の言語が日常的に使用されることはなく、日本以外の国で日本語が話されるということもないことから、日本人の場合には、日本語を話せることに日本人らしさをとくに強く感じてしまうのかもしれない。

　次に、国籍が日本であることが日本人らしさを感じさせることが示されている。その人がその国籍を持っているというだけで、どのような特徴を持った人物であるかは関係ない。出身民族も、特定の理念を共有しているかどうかも関係ないため、イグナティエフの分類には当てはまらないように思われるが、出身地、人種、宗教、言語など民族に関連した条件を問わないという意味では、市民的ナショナリズムに近い発想であるようにも思われる。

　その次に日本人らしさを感じさせるものとしては、日本の習慣やルールを守るということが挙げられている。はたしてこれは民族ナショナリズムであろうか、それとも市民的ナショナリズムであろうか。習慣やルールを日本の文化と捉えているのであれば前者のようであり、また、民族的な背景を問わず、日本人らしい生活習慣や行動をとりさえすれば日本人らしいと感じられるのであれば後者のように思われる。

4. 「日本人らしさ」の背後にあるもの

人間が自尊心の高揚のために、人々をカテゴリー化し、内集団の人々に対して好意を持ちやすいことは先に述べたが、そのためにネイションというカテゴリーが利用され、その程度がはなはだしくなるときには、しばしば他の民族や他国民に対する排他的態度が形成されやすくなる。

表2-2はナショナルアイデンティティの4つの側面と、先に示した日本人らしさを感じる特徴との相関関係について分析を行った結果である[4]。唐沢（1994）は、質問紙調査の結果から、人々のナショナルアイデンティティを測定するための尺度を作成し、それには4つの因子が含まれることを主張している。それによるとナショナルアイデンティティには、自国が好きで自国に暮らし続けたいという「愛国心」、自国の歴史や文化を大切にしたいという「国家的遺産への愛着」、他国と良好な関係を築くことを願う「国際主義」、そして自国は優れているので他国よりも優遇されるべきだという「国家主義」の4側面があるとされる。

これを見ると、日本語を話せることと習慣やルールを守るということはどちらも愛国心、国家主義、国家的遺産と正の相関があることが示された。このことから、日本語が話せることや習慣を守ることを重視する人は、日本の国が好きで住み続けたいという気持ちや日本の伝統文化を守っていきたいという気

表2-2　ナショナルアイデンティティと
日本人らしさの相関関係

	日本語	国　籍	習　慣
愛国心	.158*	.234**	.320**
国家的遺産	.163*	.130*	.343**
国際主義	.085	.140*	−.009
国家主義	.214**	.126	.226**

注）　アスタリスクは係数の有意水準を示し、*は5%、
**は1%を表す。

持ちに加えて、自分が優れた日本人の一員であると感じ、他国の人に対して優越感を抱きやすいことが推測される。

　一方、国籍が日本であることは、愛国心、国家的遺産に加え、国家主義ではなく国際主義との相関関係が示された。数値の上では国際主義との関係に強い相関関係があるわけではないが、国籍を重視する姿勢には、日本語が話せることや習慣を守ることにはみられない特徴的な要素があるとみられる。日本国籍を有していることを日本人の要件とみなすことは単純なように見えて、背後に日本に対する愛着を持ちつつ、ひとたび法律上の要件がクリアされれば、本人の出自や両親の国籍などにこだわることなく、日本国籍を持つ人を日本人として受容しやすい傾向があることをうかがわせる。

おわりに ― ネイションの相対性 ―

　国際交流が今のように活発でなかった時代であれば、多くの人にとって日本人とはどんな人を指すのかという問いは議論するテーマにもならないくらい、答えが自明な問いだったのではないだろうか。厳密性には欠けるし、マイノリティに対しても無神経であったとは思うが、日本人と言えば、皮膚は「肌色」で、髪の毛と瞳は黒く、日本語を話し、日本国籍を持った日本に暮らす人のことと思っていただろう。こうした時代であれば、「日本人」という概念は、ある程度の「客観性」を持ったものだったといえるだろう。なぜなら、外見、使用言語、居住地、国籍といった明確な基準に基づいて「日本人」を特定することができたからだ。

　これに対して、国際結婚する人が増え、国籍の異なる人との間に生まれた子どもが増え、国籍はなくても日本に定住する人が増え、さらに外国に暮らす日本国籍の人が増えた今日、日本人らしい日本人とはどんな人を指すのか多くの人が合意できるような基準はなくなりつつあるように思われる。また、日本で標準的な暮らしをおくっていても、先住民としての自覚を持ち、自分たちを日本民族（あるいは大和民族）とみなされることに抵抗を感じるアイヌの人た

ちもいるが、そうしたマイノリティへの関心が高まってきた今日では、やはり軽々しく日本人らしい日本人を語ることはできない。

　このように考えると、現代は、人々の間で共通認識となりうるような、ナショナリティをイメージすることは難しい時代といえるが、依然として、人々は自分が「日本人」であることをたびたび自覚する。否、むしろ、国際化が進展して、外国人や海外の情報に触れる機会が増えたからこそ、日本人であることを感じる機会も増えているのではないだろうか。

　ナショナリティにわかりやすい基準がなくなってしまった状況で、人々は自分のナショナルアイデンティティの根拠を何に求め、また、だれを同じナショナリティの同胞とみなすのか。国際紛争、移民、難民など、根底にナショナリティを抱えた問題はたくさんある。そのような問題を考える際には、人々が抱く主観的なナショナルアイデンティティと、その形成過程や形成される理由について検討する必要があるといえるだろう。

注

1）　「ナショナリズム」と「ナショナルアイデンティティ」はよく似た概念であるが、ナショナルアイデンティティがある国の国民であるという自覚といったニュートラルな意味で使用されるのに対し、ナショナリズムはある国の国民であることを大切に思うことや、それにともなって生じる感情や社会運動のことを意味することが多い。両者の定義はそれ自体大きなテーマであるため、本章では議論しない。

2）　「民族」の訳語と定義については、現在も議論が継続しているため、厳密で確定したものを紹介することは困難である。ここでは広く、「民族集団」と訳される英語の "ethnic group" と、「民族性」と訳される英語の "ethnicity"、「民族・国民」と訳されるドイツ語の "Volk" を合わせたものとして捉えることとした。民族の定義が難しいのは、その概念自体が厳密さを欠くことに起因するように思われる。

3）　質問紙調査によって得られたデータを用いた。2021（令和 3）年 9 月 17 日から 10 月 10 日まで質問紙の配布、回収を行った。調査対象は、札幌市に居住する、2021 年 8 月 1 日時点で満 18 歳以上、85 歳以下の男女個人であった。対象者 600 人を系統抽出・割当法により抽出し、郵送により配布、返信用封筒で回収を行った。回収数は 242 件、回収率は 40.33％であった。なお、この調査は科学研究費補助金基盤研究（C）（課題番号 21K02960）「ナショナルアイデンティティによるリバタリアニズム的公正観促進効果の検討」による支援を受けた。

4)　3. に示した調査で得られたデータを使用した。ナショナルアイデンティティの4つの側面については、唐沢（1994）による質問項目を用いて、5点尺度（強く反対（1）〜強く賛成（5））で得られた回答の平均点を用いた。これらの得点と先に示した日本人らしさの回答に1から5の得点を割り当て、ピアソンの積率相関係数を算出した。表中の数値は相関係数で、0（無関係）から1（完全な一致）までの値を取る。実際の質問項目は以下のとおりである。（※（−）は逆転項目）

　　愛国心

　　　　物価の安い外国に暮らすのもいいが、少々高くついても日本に暮らしたい

　　　　生まれ変わるとしたら、また日本人に生まれたい

　　　　私は日本という国が好きだ

　　　　私は日本人であることを誇りに思う

　　　　治安の良さから考えて、他の国には住みたくない

　　　　日本にはあまり愛着を持っていない（−）

　　　　日本は世界で一番良い国である

　　国家的遺産への愛着

　　　　君が代を聞くと感動をおぼえる

　　　　祝祭日や国民の休日に、街で日の丸が掲げられているのを見ると最高の気分になる

　　　　日の丸は世界一の国旗である

　　　　子どもが日の丸に対して起立させられたり、君が代を歌わされたりしているのを見るのは心苦しいことだ（−）

　　　　神社・仏閣に参拝することは国民として望ましい態度である

　　　　国を思う気持ちは国民の一番大切な感情である

　　　　日本の若者は日本の歴史や遺産に敬意を払わなければならない

　　　　日本の古い寺や民家を見ると非常に親しみを感じる

　　国際主義

　　　　日本は諸外国から学ぶことが多い

　　　　もっと日本人は外国人に対して、いろいろな部分で門戸を開放すべきである

　　　　他国の貧困の緩和は彼ら自身の問題であって、わたしたちとは無関係である（−）

　　　　日本のスポーツ界に活躍する外国人勢は排除すべきだ（−）

　　　　外来文化を積極的に取り入れることは日本にとってプラスになる

　　　　日本は政治的利益に一致しなくても、苦しんでいる国々にすすんで富を分かつべきだ

国家主義

日本の経済力を考えれば、国連や国際会議における日本の発言権はもっと大きくあるべきだ

世界の貧しい国の生活水準を上げるために、私たちの生活水準を下げる気にはならない

日本人は世界で最も優れた民族のひとつである

アジアの将来を決定する上で、日本は最大の発言権を持つべきである

日本が戦後に驚異的な成長を遂げたのは、国民の優秀性による

海外援助をするなら日本の不利益になるような援助はすべきでない

引用・参考文献

綾部恒雄（1993）『現代世界とエスニシティ』弘文堂。

唐沢穣（1994）「日本人の国民意識の構造とその影響」『日本社会心理学会第 35 回大会発表論文集』246-274 ページ。

谷川稔（1999）『国民国家とナショナリズム』山川出版社。

Anderson, B.［アンダーソン］(1983/2006) *Imagined communities: Reflections on the origin and spread of nationalism.* London: Verso.（白石隆・白石さや訳（2007）『定本想像の共同体——ナショナリズムの起源と流行』書籍工房早山）

Billig, M. & Tajfel, H.（1973）"Social categorization and similarity in intergroup behaviour," *European Journal of Social Psychology*, 3. 27-52.

Cialdini, R. B., Borden, R. J., Thorne, A., Walker, M. R., Freeman, S., & Sloan, L. R.（1976）"Basking in reflected glory: Three（football）field studies." *Journal of Personality and Social Psychology*, 34（3）, 366-375.

Gellner, E.［ゲルナー］(1983) *Nations and nationalism*, Oxford: Blackwell Publishers.（加藤節監訳（2000）『民族とナショナリズム』岩波書店）

Ignatieff, M.［イグナティエフ］(1993) *Blood & Belonging: Journeys into the New Nationalism*, London: Chatto & Windus.（幸田敦子訳『民族はなぜ殺し合うのか——新ナショナリズム 6 つの旅』河出書房新社）

Kohn, H.［コーン］(1944) *The Idea of Nationalism.* New York: The Macmillan Company.

Tajfel, H., Billig, M. G., Bundy, R. P., & Flament, C.（1971）"Social categorization and intergroup behaviour". *European Journal of Social Psychology*, 1（2）, 149-178.

Yamagishi, T., Jin, N., & Kiyonari, T.（1999）"Bounded generalized reciprocity: Ingroup boasting and ingroup favoritism". *Advances in Group Processes*, 16, 161-19.

コラム2 境界変動と場所の力・記憶の場

　COVID-19パンデミックとロシアによるウクライナ侵攻、近年の世界情勢を揺るがしたこの2つの出来事は、私たちに「境界」の存在を改めて認識させた。地方自治体や国の境界に基づく行動制限や、国際法の定めを破る越境的な軍事行動は、自明、あるいは意識されづらい境界が、可視化されたり変動したりする可能性を帯びたものであることを示すものである。

　境界変動は歴史とともに繰り返され、時にそれは強烈な記憶として社会的に刻まれることもある。日本では、第二次世界大戦の敗戦がその代表例だろう。また、特に国境線に近いエリアとしての境界地域では、境界変動にともなう社会的・経済的な変容が地域社会にとってより重大なものとして体感される。北海道は、こうした境界や社会の変動の影響を強く受けてきたエリアであり、函館もまたその例外ではない。

　2023年11月に、函館市大手町にあるニチロビルディングの解体工事が開始された。このビルは、日魯漁業（現マルハニチロ）の旧社屋であり、解体される2号館と3号館はそれぞれ1934年と38年に完成した重厚なコンクリート建築である。北洋漁業の基地としての経済的な繁栄を物語るとともに、3号館に存在したHBCホールは函館の文化的な象徴でもあった。老朽化を理由に所有者が取り壊しを決定したという報道は、全道的に伝えられた。

　このニチロビルからほど近く、市役所から伸びるグリーンベルトの中に、「樺太引揚者上陸記念碑」がひっそりと佇んでいる。終戦間際のソ連侵攻により、サハリン島全島はソ連によって占領され、その後、実効支配された。サハリン島の南半分を占めた樺太では、日本人の緊急脱出や密航が始まる。公式引揚は他の地域より遅れて1947年より本格化し、その主要な受入港となったのが函館であった。1949年まで続いた公式引揚で樺太を離れた日本人の数は、26万人を超えると推計されている（竹野2016）。

　北洋漁業は、まさに境界が伸長していく過程で成長した産業であり、終戦にともなう境界変動によって一時的ながらも壊滅的な打撃を受けた。そして、逆に境界が縮小する中で生み出されたのが引揚という現象であり、その対象となった人々の生活を根本的に変えてしまった。それを物語る場が、函館の港に近い位置に近接している（いた）という事実は、境界地域の港町としての函館の一側面を今日に示している。しかし一方は解体され、他方は訪れる人も少なく、その歴史が市民や観光者に広く認識されているとは言いがたい。

　アメリカの都市計画・建築史を専門とするドロレス・ハイデンは、正史とは異なる社会史としての「パブリック・ヒストリー」を留める場の重要性を論じ、そこに宿る力を「場所の力」として概念化した（ハイデン 2002）。ここで重要なのは、社会史とは市井の人々の歴史であり、彼女の言う「場所の力」がマイノリティの記憶を想起させ、それによるエンパワメントを可能にするということである。さまざまなパブリック・ヒストリーを内包する建造環境としてのニチロビルが解体されようとしている事実は、そこを基軸にする「場所の力」もまた喪失されていくことを意味する。

　一方で、樺太引揚者上陸記念碑は静態的なモニュメントであり、国民国家の歴史を刻む「記憶の場」（ピエール・ノラ）として位置づけられる。それが人々の集合的記憶を想起させるためには、そのモニュメントをめぐる実践や言説が生起する必要がある。しかし、終戦と引揚という過去が遠いものになることで、こうした実践・言説が生じる可能性もまた減じられているのが現状ではないだろうか。

　「場所の力」の喪失と「記憶の場」をめぐる実践・言説の減少は、先述した「境界地域の港町・函館」の歴史の一側面を不可視化させ、歴史の多面性に基づく地域社会の捉え直しを困難なものにする。これを不可避なものとして受け入れるのか。それとも、その困難さを受け止めつつ、散在する個別的なパブリック・ヒストリーや、記憶についての語りを収集するのか。また、後者については、それはいかにして可能になるのか。筆者のように、これから函館の歴史文化を探究しようとする者には、こうした重い課題が課せられている。

引用・参考文献

Hayden, D.［ハイデン］(1997) *The Power of Place: Urban Landscapes as Public History,* Cambridge: MIT Press（後藤春彦・篠田裕見・佐藤俊郎訳 (2002)『場所の力――パブリック・ヒストリーとしての都市景観』学芸出版社）。

竹野学 (2016)「樺太からの日本人引揚げ（一九四五～四九年）――人口統計にみる」、今泉裕美子・柳沢遊・木村健二編著『日本帝国崩壊期「引揚げ」の比較研究――国際関係と地域の視点から』日本経済評論社、229-270 ページ。

（平井　健文）

第2部

教育に資する国際地域研究

第 **3** 章

心理的安全性に関する研究は学校教育に
どのように応用されるか
― 学校経営および学級経営の領域を中心に ―

奥田　秀巳

は じ め に

　学校において、児童生徒が安心して学ぶことのできる環境づくりが重要であることを否定する者はいないだろう。実際に学校に足を運んでみると、学校においてそうした環境づくりのための多様な試みがなされていることを目の当たりにすることができる。だが一方で、そうした多様な試みがなされながらも、学校教育の現場から、「どのような教育的試みが、児童生徒が安心して学ぶことのできる環境づくりに寄与するのか」という問いが絶えることはない。そしてこの問いが絶えないことは、その問いに対する回答が、誰にとっても容易なことではないことを意味している。

　本章の目的は、上述した「どのような教育的試みが、児童生徒が安心して学ぶことのできる環境づくりに寄与するのか」という問いに答えるための手がかりを得ることにある。その手がかりになるものとは、児童生徒が安心して学ぶことのできる環境とはいかなるものか、その環境づくりはどのようにしてなされればよいのかという問いに対して、一つの方向性を示すことだろう。近年のこの問いに対する手がかりを与えるものとして、心理的安全性についての研究がある。本章の目的は、心理的安全性（psychological safety）およびその概念に関係する先行研究を手がかりにして、心理的安全性についての研究が学校

教育にどのように応用できるのか、そしてそれが学校教育の実践にどのような影響を与えうるのかを確認することにある。

　この目的を達成するために、本章は以下のような過程で考察を進める。まず、組織行動論（organizational behavior）の領域を中心にして研究が進められている、心理的安全性とはどのような概念であるのかを確認する。次に、この心理的安全性についての研究が、近年の学校教育の現場にどのように応用されようとしているのかを整理する。そして、心理的安全性の研究に関わる先行研究として「支持的風土」についての研究を挙げ、心理的安全性についての研究が学校教育にどのような新しい知見をもたらすのか、改めて吟味する。

1.　安心して発言し、学ぶことのできる関係性
　　　　― 心理的安全性とは何か ―

　まず、本章において中心的な概念となる心理的安全性とはいかなる概念であるのか確認しておこう。心理的安全性の概念は、主に組織行動論の領域において研究が進められてきた。組織行動論とは、文字どおり「組織における人間行動」を対象とする学問分野である。この組織行動論は、組織を構成する個人に注目する経営学の動きと連動して展開されてきた（関本　2019：17）。会社組織においては、職場における人間関係は従業員のモチベーションやパフォーマンスに大きな影響を与える。これは学校の教職員においても同様であろう。教職員の関係性が協力的であるならば、その学校の教育活動は円滑となり、より高い教育的成果を得ることが期待できる。会社や学校をはじめとする、さまざまな組織における人間の行動を理解し、予測し、そして運営することは、その組織のパフォーマンスに直結するため、無視できない事柄である。したがって組織行動論の研究成果は、実際に組織を運営するうえで重要な手がかりとなりうる。

　この意味で組織行動論の研究は、経営学の領域に深く関わり発展してきたといえる。ただし、組織における人間行動の分析にあたっては、その組織に所

属する従業員のモチベーションなど、個人の心理についての理解も不可欠である。したがって、組織行動論の展開には，経営学だけでなく心理学や社会学といった関連する学問分野の研究も深く関わっている（関本　2019：18）。

　この組織行動論の領域における心理的安全性の研究の中でよく依拠されるのが、A.C.エドモンドソンによる研究である。心理的安全性の概念の定義についても、エドモンドソンによるものが一般によく知られている。エドモンドソンは、心理的安全性を以下のように定義している。

　　　チームの心理的安全性とは、そのチームが対人リスクをとるのに安全な場所であるという、メンバー間で共有された信念であると定義される（Edmondson 1999：354）。

　後に、エドモンドソンは心理的安全性をより簡潔な形で、「職場環境が対人関係のリスクをとっても安全であるという信念」と定義したり（Edmondson 2019：8；2021：30）、「支援を求めたりミスを認めたりして対人関係のリスクをとっても、公式、非公式を問わず制裁を受けるような結果にならないという信念」と定義している（Edmondson 2019：15；2021：40）。端的にいえば、心理的安全性とは、ある集団において、安心して振る舞うことができると信じることが共有された状態のことを指しているといえるだろう。

　したがって、心理的安全性とは、集団の中の一個人の心理的状況を指す概念ではない。集団の中でただ一人が安心して自らの意見が述べられる状況は、心理的に安全であるとはいえない。心理的安全性とは、その集団に所属する諸個人において、対人関係のリスクをとっても安全であるとの信念が共有されている状態を指すものということができる。そして、この心理的安全性が確保された集団は、その集団の構成員にとって、「心理的に安全な環境」（psychologically safe environment）であるということができる。

　ただし、心理的に安全な環境とは、その集団に所属する個人のあらゆる言動が常に肯定的に受容され、否定されないような、いわば「ぬるま湯」のような環境のことではない。むしろ、集団において共有された目標を達成するためであれば、批判的な言動が積極的にできるような環境であるということに注意

が必要である。エドモンドソンは以下のように述べている。

　心理的に安全な環境で働くことは、人々が常に親切であり、互いに賛同することを意味するわけではない。また人々が、あなたの言うことすべてに対して、明らかな賞賛や無条件の支持を提供することを意味するわけでもない。実際のところはその逆である。心理的安全性とは率直であることや、建設的な意見の不一致やアイデアの自由な交換を可能にする。これらが学習やイノベーションにとって不可欠であることは言うまでもない。どんな職場であっても、対立は必ず生じるものである。心理的安全性は、相異なる立場にある人々が、その人々を悩ませていることについて率直に話すことを可能にするのである（Edmondson 2019：15-16；2021：41）。

　この心理的に安全な環境においては、「人々は失敗しても支援を求めても、ほかの人々が冷たい反応を示すことはないと信じている。それどころか、率直であることが許されているし期待されてもいる」（Edmondson 2019：15；2021：40）。したがって互いを尊重するあまりに、他者に対して批判的な言動がなされない集団の環境は、心理的に安全な環境とはいえない。その人にとって耳の痛い話であっても、いわば「忖度する」ことなく、建設的に意見することのできる集団の環境こそが、心理的に安全な環境であるといえる。

　エドモンドソンによれば、集団において心理的安全性が十分に確保されていることによって、以下の7つのメリットがもたらされるという（Edmondson 2012：126；2014：163-164）。

① 率直に話すことが奨励される
② 考えが明晰になる
③ 意義ある対立が後押しされる
④ 失敗が緩和される
⑤ イノベーションが促される
⑥ 成功という目標を追求するうえでの障害が取り除かれる
⑦ 責任が向上する

　この心理的安全性を、優れた組織を形成するうえで重要な要素であるとして、いち早く指摘した企業がGoogleである。Googleはピープル・アナリティ

クス・チーム（人事に関する情報を取得し、人事領域におけるさまざまな業務を効果的なものにするための情報を提供する調査チーム）により、社内において「効果的なチームの条件とは何か」を調査した。このチームはアリストテレスの言葉「全体は部分の総和に勝る」にちなみ、「プロジェクト・アリストテレス」（Project Aristotle）と名づけられている。このプロジェクトにおいて明らかとなったチームに影響する因子として、①心理的安全性、②相互信頼（dependability）、③構造と明確さ（structure and clarity）、④仕事の意味（meaning）、⑤影響（impact）の５つが挙げられているが、その中で心理的安全性は第１の要素として最も重視されている（グジバチ　2018：27-28）。

　この心理的安全性が重要視される理由としては、反対に心理的に安全な環境でない集団を考えてみるとわかりやすいかもしれない。エドモンドソンによれば、心理的安全性の低い組織においては個人に次の４つの対人関係のリスクに対する不安が生じるという（Edmondson 2012：121；2014：158）。以下のそれぞれの項目に付された解説部分は、エドモンドソンによる説明を筆者が簡潔にまとめたものである。

①　無知だと思われる不安：質問したり情報を求めたりすることで、他者から無知だと思われることに対する不安。

②　無能だと思われる不安：間違いを認めたり、支援を求めたりすることで、仕事ができない人間だと思われることに対する不安。

③　ネガティブだと思われる不安：他者の仕事に対して批判的な評価をすることで、難癖をつけたがる人だと思われることに対する不安。

④　邪魔する人だと思われる不安：他者の仕事の邪魔になったり、時間を奪ったりする人間だと思われることに対する不安。

心理的安全性の低い組織においては、上記の４つの不安に起因する対人関係のリスクに対する懸念から、組織におけるさまざまな問題を指摘し、それを解決することが困難となる。

　さらにこの心理的安全性の問題は、エドモンドソンが指摘しているように、集団の問題解決能力だけでなく、集団に所属する個人の多様性を尊重することや、個人の創造的な発想を促すことにも関わっている。個人の多様な意見

を許容することができず、多様性を尊重することのできない組織において、創造的な発想を提示したり、自らの発想を表明したりすることは価値のあるものとみなされにくい。したがって、それらの発想や発言が、集団において生じにくくなるということは容易に想像されよう。

2. 学校経営と心理的安全性の関係性

　それでは、この心理的安全性の研究は、学校教育の現場に応用されることによって、どのような影響を与えるだろうか。まず心理的安全性の問題は、一般企業と同様に協働が求められる、学校の教職員組織に直接的に当てはまるように思われる。例えば中央教育審議会は心理的安全性の教職員組織との関わりについて、「『令和の日本型学校教育』を担う教師の養成・採用・研修等の在り方について〜『新たな教師の学びの姿』の実現と、多様な専門性を有する質の高い教職員集団の形成〜（答申）」の「多様化した教職員集団のマネジメント」において、以下のように述べている。

　　　　特に「心理的安全性」の確保は、様々な課題に対応できる質の高い教職員集団を形成するために不可欠である。働き方改革を通じて学校全体が抱える業務量を見直し、安全・安心な勤務環境を実現するのみならず、萎縮せずに意見を述べたり、前例や実績のない試みに挑戦する教師を支援できる環境を醸成したりすることで、学校内外で発生した問題を教職員が一人で抱え込むことなく、組織としてより最適な解を導き出すことが可能になる（文部科学省　2022）。

　ここでは、教職員間の対話をとおした協働的な学びを実現するために、心理的に安全な環境を形成することが重要であることが指摘されている。確かに中央教育審議会の指摘のとおり、教職員の職場としての学校が心理的に安全な環境であれば、教職員の間で積極的に互いの授業の内容について改善点を指摘し合うなど、互いの能力を協働的に高め合うことが可能になると考えられる。
　実際にエドモンドソンもまた、心理的安全性の高い集団において、協働的

な学びが促されることを指摘している。エドモンドソンは、心理的安全性と集団における協働的な学びとの関係を「learn-what」と「learn-how」という言葉で説明している。ここでいう「learn-what」とは、個人による自主的な学習行動を指す。これに対して、「learn-how」とは、集団での学習活動を指す。例えば、複数人で対話をとおして互いの学習内容を共有したり、異なる意見を提案し合ったりする学習活動が「learn-how」の学習形態であるといえるだろう（Edmondson 2019：36-37：2021：64-65）。

　しかも先述したように、心理的に安全な環境が関わるのは、教職員間の学びの形態だけではない。心理的安全性が集団における問題解決のあり方に関わってくる以上、教職員間で心理的安全性の問題は、学校で発生するさまざまな問題に対する対応のあり方にも関わってくるように思われる。心理的に安全な環境が確保されることによって、教職員間で互いに批判的な言動が可能な環境となることは、学校での個々の教師による問題の抱え込みを防ぐことになるだろう。学校において組織的に問題を把握し、その対応を他者との率直な対話をとおして検討することができる職場環境が形成されていれば、例えば学級内でいじめなどの問題が生じたときも、学級を担当する教師が個人で問題を解決しようとするのではなく、教職員間で情報を共有し、協働して問題を解決する方向に向かう可能性が見えてくる。

　反対に、もし教職員の関係が心理的に安全でない環境となっているのであれば、教室での問題は学校や学級において覆い隠されることになるだろう。なぜなら、教職員間において学級での問題について言及することは、自らの能力不足や、自らの対応の不備を表明することになり、それを管理職の立場にある人間や、同僚に責められることになりかねない不安を生じさせるからである。教職員の関係性が心理的に安全な環境でない場合、教職員の間で対人関係のリスクに対する懸念が先行し、問題の解決に進むことは難しくなる。

　エドモンドソンによる心理的安全性に関する研究からも、教職員の間の高い心理的安全性が、学校の問題を円滑に解決することにつながることは想像できる。エドモンドソンはさまざまな組織を調査する中で明らかになったこととして、パフォーマンスの高い組織は、パフォーマンスの低い組織に比べて

ミスが多いということを指摘している（Edmondson 2019：8-12：2021：31-35）。このことは必ずしも、パフォーマンスの高い組織が低い組織に比べてミスを数多くしているということを意味しない。むしろ心理的に安全な組織においては、ミスが数多く発見されるということを意味している。なぜなら対人関係のリスクに対する懸念の少ない、心理的に安全な組織は、問題が深刻なものとなる前に、組織の中でその問題の内容が積極的に共有されると考えられるからである。

　心理的に安全な環境であれば、その集団においては、対人関係のリスクを過剰に心配することなく、問題は共有され、問題が重大化する前に明らかにされる可能性が高まる。これはつまり、問題の解決に向けた方法が早期に模索される可能性が高まるということになる。これに対して、心理的に安全でない集団の場合は、問題が集団の中で共有されにくい環境にあるため、往々にして問題は重大化してから発覚することになる。その問題が発覚したときには、すでに対応が困難なものとなっていることも少なくない。いじめの問題であれば、いじめを「芽」の段階から認知し、その内容について積極的に教職員間で情報を共有し、その問題の解決について協働することが可能な心理的に安全な職場環境があれば、数字上はいじめの認知件数が増加したとしても、重大事態の発生を防ぐ可能性は高まると考えられる。

　このいじめの問題をはじめとして、学校の教職員間において心理的安全性が低い状況にあれば、問題を早期に解決することは難しいものとなるだろう。ことさら、児童生徒の生命に関わるような重大事態が発生してから初めて問題が把握された場合、その問題を解決することはもはや困難である。この意味で、学校経営において心理的安全性は、教職員の協働的な学びにおいてだけでなく、学校で発生しうる問題を未然に、あるいは早期に解決するうえでなくてはならない要素であると考えられる。心理的安全性に関する研究は、教職員間の協働を容易にする環境を明らかにする点で、学校経営において重要な意義を有するものであるといえるだろう。

3.　学級経営と心理的安全性の関係性

　学校において心理的安全性の問題が関わるのは教職員間の関係性だけではない。教職員と児童生徒の関係性、そして児童生徒同士の関係性においても関わるものであると考えられる。

　改めて、いじめの問題を例にして考えてみよう。これまでいじめの要因の一つとして指摘されてきたのが、集団の「同調志向」に基づく「異質性の排除」である[1]。しかし、先述した心理的安全性の説明から考えれば、そもそも心理的安全性の高い状態にある学級においては、いじめの要因となる学級内での「同調志向」は相対的に弱い状況にあると考えられる。なぜなら、心理的に安全な環境においては、その集団においては互いに考えや態度の相違が存在するということが当然のこととして共有されており、個人の多様性が尊重される関係性にあるからである。むしろ、心理的安全性の高い状態にある学級においては、互いが同じ考えを共有していること以上に、互いの考えの相違を、対話をとおして確認し合うことが意義あることと見なされていると考えられる。

　そして、そのような心理的に安全な関係性においては、互いの意見の相違を、相手の人格を否定する言葉で表明し合うのではなく、対話をとおして互いの考えを表明し合うような営みこそが、互いの成長にとって有意義なものであるということが共有されているはずであろう。この場合、集団において、他者との考えや態度の相違を排他的な形で問題視し、他者の人格を否定する言動をとることは高い価値を持たない。むしろ、そのような否定的な言動は集団において互いの成長のために負の価値を持つものとして共有されているだろう。したがって、心理的安全性の高い学級において、個人は自己の能力や人格を否定されるという対人関係のリスクを強く感じることがなく、また他者との考えや態度の相違を明らかにすることをリスクとして過剰に不安視する必要もないことになる。

　かつて土井隆義は、相手から反感を買わないことを常に心がける、繊細な気くばりをともなった若者の人間関係のことを「優しい関係」と呼んだが（土

井 2008)、心理的に安全な環境とは、この「優しい関係」のような人間関係とは真っ向から対立する環境であると考えられる。「相手から反感を買わないように常に心がける」状況は、明らかに他者との間での対人関係のリスクの不安にさらされている状況であり、「優しい関係」にある人々には、現在自分が関わっている人々との関係性から仲間はずれにされるという致命的なリスクから逃れるために、常に親密さを維持するための同調行動が求められることになる（土井　2014）。

このような関係性においては、もし友人が道徳的に正しいとは考えられない言動をした際にも、その問題点を指摘するのではなく、関係性を維持することを優先し、友人の言動に同意するか、暗黙の同意を示す「沈黙する」という態度を選択し、対人関係のリスクを回避しようとするだろう。エドモンドソンも心理的に安全でない環境において、多くの場合、人は「沈黙」という選択をとることを指摘している [2]。沈黙することによって、集団において存在する問題は覆い隠される。問題を覆い隠すこのような沈黙を、エドモンドソンは「危険な沈黙」（dangerous silence）と呼んでいる（Edmondson 2019：77：2021：107）。確かに、同意する言葉や沈黙（暗黙の同意）は、友人たちとの関係において、一時的には自らが仲間はずれにされるという致命的なリスクから逃れることを可能にするかもしれない。このような沈黙は、いじめを見ても無関心を装って、いじめの行為に暗黙の支持を与える、傍観者のあり方も連想させる [3]。しかし、そのようなあり方は、いじめの重大事態のような、将来におけるさらなる致命的な問題を発生させる可能性をはらんでいる [4]。

心理的安全性に関する研究は、こうした同調行動を求める関係性が対人関係のリスクを強調し、問題を覆い隠すものであること、そして対人関係のリスクを過剰に恐れる関係性が改善されなければならないことを教える。だが、「優しい関係」と対局の状態である、心理的に安全な環境は、児童生徒の努力だけで実現されるものではない。教室内の問題には、児童生徒だけでは解決できない問題が多く存在する。いじめの問題についても、教師をはじめとした大人の協力なしには解決できないことも多い。したがって、学級が心理的に安全な空間であるためには、教職員間、児童生徒間だけでなく、児童生徒と教職

員との間においても、安心して問題を提起できる関係性や雰囲気がなければならない。この意味で、心理的安全性は、学校における多様な人々の間での関係性において重要な要素であり、それゆえに学校において心理的安全性を高めるための努力が求められることになる。ことさら、学級における日々の教育活動における教師による関係性づくりや雰囲気づくりが、学級での教師と児童生徒との関係、児童生徒同士の関係を心理的に安全なものにするうえで大きな影響を与えると考えられるだろう。

　心理的安全性の研究においては、心理的安全性を高めるうえで、その集団におけるリーダーのリーダーシップが重要な要素となることが指摘されている。企業や行政といった組織において、集団が問題を早期に解決し、協働的に学びながら創造的な発想を生み出す、高いパフォーマンスを発揮するためには、リーダーによるリーダーシップを必要とする。同様に学級において児童生徒が互いを尊重し、安心して協働的な学びを実現していくためには、教室において指導的立場にある、教師によるリーダーシップが求められることになるだろう。この問題は、学級づくりや学級経営の研究領域に深く関わると考えられる。

　学級づくりや学級経営が児童生徒の日々の学習や生活の基盤をなすものであり、これを充実させる必要があるということは、学習指導要領でも指摘されている。例えば、小学校学習指導要領においては、学級経営について以下のようにその重要性が指摘されている。

> 　学習や生活の基盤として、教師と児童との信頼関係及び児童相互のよりよい人間関係を育てるため、日頃から学級経営の充実を図ること。また、主に集団の場面で必要な指導や援助を行うガイダンスと、個々の児童の多様な実態を踏まえ、一人一人が抱える課題に個別に対応した指導を行うカウンセリングの双方により、児童の発達を支援すること（文部科学省 2018：23）。

　学習指導要領において指摘されているとおり、児童生徒の学習や生活の基盤となる、学級の関係性を形成するためには、教師による学級経営の充実が欠かせない。児童生徒が学習活動に安心して取り組むことのできる心理的安全性

の高い学級は、充実した学級経営の理想像として捉えることができるかもしれない。

　このことに着目して、学級経営と心理的安全性の研究を結びつける研究も提示されている。この学級経営に注目した、児童生徒の心理的安全性を高める方法に関する研究の一つとして、大前暁政による研究が挙げられる。彼の研究は、エドモンドソンをはじめとする心理的安全性についての研究内容を、学級経営の方法に応用したものの一つである。大前は自らの実践を踏まえながら、心理的安全性を高める学級経営のあり方を具体的に説明している。とくに、前述した心理的安全性とリーダーシップの関わりについては、「まず相手に奉仕し、その後、相手を導いていく」（大前 2023：178）リーダーシップである「サーバント・リーダーシップ」をはじめとする、多様なリーダーシップのあり方を紹介しつつ、学級のリーダーとしての教師の考え方や行動について論じている。

　大前（2023）において論じられているように、学級における学びを促進し、学級内の問題を解決していくうえで、心理的に安全な環境が重要であることは間違いないことであるように思われる。同様に、心理的安全性についての研究が指摘しているリーダーシップ論が、教師が学級において発揮すべきリーダーシップに関する研究に応用されることも確かだろう。この意味で、心理的安全性についての研究は、学級経営の領域において一定の影響を与えるものであることは確かであるように思われる。

おわりに ― 心理的安全性は学校教育に新たな意味をもたらすか ―

　ここまで確認してきたように、組織行動論の領域における心理的安全性に関する研究は、とくに学校経営や学級経営の領域の研究において一定の成果をもたらすように思われる。ここでいう一定の成果とは、教職員や児童生徒の間の理想とする関係性を明らかにすること、そしてその教職員や児童生徒の間の理想的な関係性を実現するために必要となる、教師のリーダーシップ像を論点

としたものが挙げられる。

　ただし、気をつけなければならないのは、心理的安全性に関する研究を学校教育に応用することによって、学校教育にこれまでにない「特効薬」となる方法が即座に提示されるようには思われないことである。心理的安全性の研究が学校教育に応用されることによって見いだされるのは、むしろこれまでに学校経営や学級経営において重要であると指摘されてきた点を、多くの場合肯定することであるように思われる。

　例えば、1960年代にJ.R. ギップらをはじめとする研究者により提起されていた「支持的風土」（supportive climate）と「防衛的風土」（defensive climate）の概念を学校教育に応用した研究は、心理的安全性の研究を学校教育に応用することによって示される内容を先んじて提示している。この支持的風土に関する研究の一つである大塚（1987）によれば、支持的風土とは「他から自分を防衛する必要がない」「自分が先だってやる活動が行われやすく」「メンバーは自発的な人間として成長する」ような、学習集団の社会的環境である（大塚 1987：182）。これに対して防衛的風土とは、「相互不信から、細かい規則にてらした検閲や処罰が行われ、他者の眼を気にした、消極的、同調的な感じ方や考え方、そして行動がとられる」集団の環境であるとされる（大塚 1987：183）。

　この支持的風土に関する研究は、心理的安全性のように集団における環境について「対人関係のリスク」という言葉を用いて論じているわけではない。しかし、集団において失敗や罰を恐れることなく行為できる学習環境が重要であることを指摘し、その学習環境がいかにしてつくられるのかを探究しているという点では、支持的風土に関する研究は心理的安全性に関する研究に近い。したがって支持的風土に関する研究は、集団の中で対人関係のリスクを気にすることなく学ぶことのできる環境の様相と、その環境づくりに関する研究として捉えることもできるだろう。興味深いことに、同じく支持的風土について論じた片岡（1975）においては、すでに、対人関係のリスクを過度に恐れる環境が人間の想像力に影響を及ぼす可能性が、学校教育の実践をとおして論じられている（片岡 1975：245-287）[5]。この見解は、心理的安全性についての研

究が心理的安全性の低い職場において個人の想像力が低下することを指摘していることと類似する。

　無論、それぞれの研究が展開されてきた歴史的・学術的背景は異なる。支持的風土の概念を学校教育に応用する研究が展開されてきた背景には、集団を重視する中で個人を抑圧する教育活動としての「集団主義教育」（片岡 1975：14）に対する批判がある[6]。したがって支持的風土に関する研究は、学習集団の中で個性を生かして学びを深めようとする、「個を生かす集団づくり」の視点から展開されている[7]。

　これに対して、心理的安全性の研究が進められてきた背景には、集団における個人の多様性を生かすことなしに、「VUCA」[8] の時代に対応していくことは不可能であるという、現在および今後の社会に対する見通しがある。こうした歴史的・学術的背景は、支持的風土についての研究が進められてきたものとは異なる。だが、心理的安全性、支持的風土のいずれの論述も、学校教育において個人の意見や存在の多様性を尊重することが学習活動において重要であることを主張するものであることは間違いない。心理的安全性についての研究は、確かに学校教育においてこれまでにない革新的な見方を提供するものではないかもしれないが、これまでにも指摘されてきた多様性を尊重する集団の環境について、その集団が目指すべき理想像や、その環境づくりの方法に関する新たな説明を与えるものであるといえるだろう。

　学校教育においては、すでに人種やジェンダー、文化、宗教などの違いを受け入れ、互いを尊重し合う行動を促すダイバーシティ教育や、国際理解教育といった、多様性を尊重する教育活動が進められている。心理的安全性に関する研究は、学校教育に「多様性を尊重し、その多様性を生かして協働的に学ぶことのできる環境」を形成する学校経営や学級経営の理念型を提示するとともに、その環境づくりに一定の方向性を与えるものである。その意味で、心理的安全性についての研究は学校教育の現場に一定の意義を有するものであるといえるだろう。

注

1) 例えば、西野（2017）における仲間への同調傾性の発達についての研究を参照。

2) 沈黙がもたらす効果を示すものとして、次のような言葉があるという。「沈黙していたために解雇された人は、これまで一人もいない」（Edmondson 2019：34；2021：60）。

3) 森田（2010）における、いじめ集団の4層構造モデルにおいては、「被害者」「加害者」「観衆」「傍観者」の4者の中で、傍観者の態度は、いじめに直接には関与しないものの、「かえって、いじめている子どもを支持する存在となる」ことが指摘されている（森田 2010：133）。もしこの傍観者が仲裁者となれば、いじめを抑止する存在となることが期待できる。

4) 学習活動においては、必ずしもすべての沈黙が問題となるわけではない。むしろ沈黙の中で落ち着いて自らの考えを深める時間を確保することは重要である。この沈黙の意義は、近年学校で取り入れられている p4c（philosophy for/with children）などの活動においても重視されている。ただし、心理的安全性の高い環境づくりを目指す試みと、p4c の活動の間で目指す集団の理想像が大きく異なるわけではない。p4c の活動においても、「知的安全性」（intellectual safety）を確保することで、自らの考えを恐れることなく発言できる集団の環境づくりを目指している。この心理的安全性と知的安全性の関係性については奥田（2023）も参照。

5) また片岡（1975）において、支持的風土づくりの方法として、学級内でルールを共有することが指摘されていることは興味深い。ここでは、〈みんなが気をつけること〉として、6つのルールを共有することが表の中で示されている（片岡 1975：257）。このようなルールを共有することは、学級における児童生徒の対人関係のリスクを低下させ、心理的安全性を高めることに寄与するように思われる。長くなるが、以下はその内容の引用である。

> ① グループの中に出された友だちの考えは、一言も聞きもらさないように最後まで聞いてあげよう。
>
> ② 友だちの発表した考えが少しおかしくても、けなしたり、笑ったりしません。それをもとにして、グループ内によい考えが出るかもしれないから。
>
> ③ 友だちの発表した考えの中に、なにかよいところはないか、しんけんにさがしてみよう。
>
> ④ 一人一人のもっているよいところ（長所や特色）を大切にして、グループの仕事の中にそれを生かすようにしよう。
>
> ⑤ どんな考えも笑ったり、バカにしたりしません。笑われる相手の身になってごらん。
>
> ⑥ みんなで力を合わせて、グループの仕事をやってゆこう。たとえば、自分の考えをドンドンだしたり、友だちの考えのたりないところにつけたしたりする。

6) この背景には、全体主義的社会体制に対する批判的見方も含まれている。
7) 「個性を生かす教育の充実」は、すでに 1989 年改訂の学習指導要領の総則において強調されている。
8) 「VUCA」とは、volatility（変動性）、uncertainty（不確実性）、complexity（複雑性）、ambiguity（曖昧性）の 4 つの単語の頭文字をとった造語であり、「将来の予測が困難な状態」を意味する。

引用・参考文献

大塚忠剛編（1987）『支持的風土づくり』黎明書房。

大前暁政（2023）『心理的安全性と学級経営』東洋館出版社。

奥田秀巳（2023）「心理的安全性は対話的な学びにどのように関わるのか ― 特別の教科 道徳における対話に注目して ― 」『国際地域研究 V』大学教育出版、152-168 ページ。

グジバチ、ピョートル・フェリクス（2018）『世界最高のチーム グーグル流「最少の人数」で「最大の成果」を生み出す方法』朝日新聞出版。

関本浩矢（2019）『組織行動論』中央経済社。

土井隆義（2008）『友だち地獄 ―「空気を読む」世代のサバイバル』ちくま新書。

土井隆義（2014）『つながりを煽られる子どもたち ― ネット依存といじめ問題を考える』岩波ブックレット。

片岡徳雄編（1975）『集団主義教育の批判』黎明書房。

西野泰代（2017）「仲間への同調傾性といじめ経験との関連について」『広島修大論集』57（2）、33-45 ページ。

森田洋司（2010）『いじめとは何か』中公新書。

文部省（1989）『小学校学習指導要領 平成元年告示』大蔵省印刷局。

文部科学省（2018）『小学校学習指導要領（平成 29 年告示）』東洋館出版社。

Edmondson, A. C.［エドモンドソン］（1999）Psychological safety and learning behavior in work teams, *Administrative Science Quarterly*, 44（2）, 350-383.

Edmondson, A. C.［エドモンドソン］（2012）*Teaming: How Organizations Learn, Innovate, and Compete in The Knowledge Economy*, John Wiley & Sons（野津智子訳（2014）『チームが機能するとはどういうことか』英治出版）

Edmondson, A. C.［エドモンドソン］（2019）*The Fearless Organization: Creating Psychological Safety in the Workplace for Learning, Innovation, and Growth*, John Wiley & Sons（野津智子訳（2021）『恐れのない組織：「心理的安全性」が学習・イノベーション・成長をもたらす』英治出版）

Web サイト

文部科学省（2022）「『令和の日本型学校教育』を担う教師の養成・採用・研修等の在り方について〜『新たな教師の学びの姿』の実現と、多様な専門性を有する質の高い教職員集団の形成〜（答申）」、https://www.mext.go.jp/b_menu/shingi/chukyo/chukyo3/079/sonota/1412985_00004.htm、2023 年 8 月 30 日アクセス。

※本研究は JSPS 科研費 JP22K13624 の助成を受けたものである。

コラム3　子どもの日常から考えるジェンダー

　現在3歳の甥っ子は車が大好きで、個性豊かな子犬たちが乗り物を駆使して力を合わせて大活躍するアニメをこよなく愛している。その中でも、ピンク色のフライングヘリを乗りこなして大空を飛び回る子犬と、スノーキャットを乗りこなすハスキーがお気に入りのようだ。どちらも女の子の子犬で、自分の特技を活かして、仲間と共にさまざまなトラブルに立ち向かっていっている。

　この子犬たちのアニメが好きなあまりになのだろうか、嬉しくて楽しい気分のときに、自分の母親の顔を、アニメの子犬たちがするようにペロッと舐めようとしたようだ。親はたいそう驚いたことだろうが、アニメの中の子犬たちが甥っ子にとって憧れの存在になっているのだろう。

　甥っ子はおしゃべりも大好きだ。とにかくずっとしゃべっている。走ることも好きで、底なしの体力と持久力で部屋の中をグルグルと駆け回っている。小さくて可愛いとあるキャラクターのハチワレも大好きで、寝るときはいつもそのぬいぐるみと一緒だ。

　甥っ子は、お風呂で遊ぶことも大好きだ。ただし、顔に水がかかるのは嫌で、「タオル〜！」と悲痛な叫びをあげて泣く。オバケのキャラクターも苦手なようで、TV で出てきたときなどは、ビクッと驚き「これ見ない、これ嫌なの。違うのに変えて」と訴える。

　子どもの好きなもの（こと）や苦手なもの（こと）に対しては、本人の思いや好みにかかわらず、いわゆる女の子と男の子に固定されたイメージで、周囲のおとなが子どもの世界やありようを方向づけることが少なくない。一昔前は、子どもにとって魅力的なおもちゃの世界も、当たり前のように「女児向け」「男児向け」と、性別で商品を分類していた。

　甥っ子の好きなもの（こと）や苦手なもの（こと）には、甥っ子の好奇心や個性が現れている。おとなや社会の固定観念で子どもたちの好奇心や今後の豊かな経験、将来の可能性が奪われないように、子どもの日常をジェンダーの視点から柔軟に振り返っていきたいものである。

（木村　育恵）

第4章
外国人散在地域における避難民への
初期日本語指導

佐藤　香織／村田　あきの／中村　佳子

は じ め に

　近年の国際情勢により、紛争地域からの難民・避難民の数は急激な増加傾向にある。日本でも難民・避難民の受け入れは喫緊の課題となっているが、受け入れに際しては国の指針等は十分には示されておらず、制度面でも整っているとは言いがたい状況である。とりわけ、外国人散在地域においては参考となる前例も少なく、いざ避難民を受け入れるとなった場合には日本語教育者や受け入れ先の教育機関が対応に苦慮する現状がある。

　紛争地域からの難民・避難民は、森谷（2010）が述べるようにメンタルヘルス上の危険因子が高く、精神的な不安を抱えていることが多い。また伴野（2013：15）は、日本語教育者が「難民の困難や苦しみを直接的に投げかけられる可能性」について取り上げ、「例え自分自身が『日本語担当』であったとしても、その不安や窮状や怒りや悲しみを一旦は受け止めなければならない。あるいは受け止める覚悟をしなければならない。そのうえでほかの支援者や団体・機関につなげる必要がある」と述べている。

　とくに外国人散在地域においては、集団移住地域の場合とは異なり、同じような境遇の難民・避難民のコミュニティがほぼ存在しないため、彼らの思いを受け止める場が圧倒的に不足している。外国人散在地域の難民・避難民に

とって、自らの思いを表現する場として、日本語教室や日本語教育者の役割は非常に重要であると考えられるが、多くの日本語教育者は、難民・避難民支援に関わったことはないため、既存の日本語教育の枠組みを当てはめ、「生活者としての日本語教育」や「児童生徒のための日本語教育」を行うことになる。もちろん日本で生活していくためにそれは必要なことなのだが、伴野（2013：9）が述べるような「難民とその周囲の人たちが、相互に尊重し合い互いに自己を表現できる」「難民が『居場所』を得、周囲から承認されているという感覚を持つことができる」ことを目指した内容まで含めたカリキュラムを考案することは、現状ではできていない。そのため、外国人散在地域の日本語教育の現場では、難民・避難民の実情に対応したカリキュラムの必要性が高まっている。

　そこで本章では、外国人散在地域における難民・避難民のための日本語教育カリキュラムの構築を目指し、函館校で 2022 年 3 月から 7 月まで緊急支援的に行った、紛争地域からの避難民に対する日本語初期指導の実践[1] について報告する。そして、実践のなかで明らかになった課題や困難を示したうえで、必要な支援体制や心理的配慮について具体的な提案を行う。具体的には、アフガニスタンから函館市に来ることになった年少者 5 名に対して筆者らが行った、初期日本語指導である。これに基づき、避難民への初期日本語指導においては、既存の日本語教育で重要とされていた「学習のニーズ」や「サバイバル日本語」よりも、彼らの「『伝えたい』という想い」を優先するべきであり、自己表現できる場としての日本語教室や日本語教育者の存在が不可欠であるということを提言する。

1. アフガニスタンからの避難民を対象とした
　　函館校での日本語教室の概要

　2022（令和4）年3月に、アフガニスタンから函館市にあるムスリムの家族（夫婦とその子どもたち7名）が避難してきた。この家族の就労・生活・教育のサポートを、函館校の教員を含むさまざまな関係者が協力して現在も行っている。

　来函直後の緊急的な支援として、函館校では年少者5名を対象とした日本語教室を、約3カ月の予定で行うことになった。日本語教室のコーディネートと授業は、筆者らを含む4名で行った。いずれも修士号を持ち、大学、日本語学校などの国内外の日本語教育機関や地域の日本語教室での日本語教育経験がある。また、対象者が年少者であることや、それぞれの年齢や能力にばらつきがあることを想定し、日本語教育や日本語学習支援を学んでおり実際に学校での日本語学習支援経験のある函館校学生有志を、サポーターとして毎回の授業に2～3名ずつ配置した。これにより、クラス全体での活動と小グループでの活動を状況に応じて常に行える体制が可能となった。

　学習者は年齢順に、A～Eとする。とくに、函館市で就学することになるD、Eを中心的なターゲットとした。当初の予定では、学習開始2カ月目ぐらいから、D、Eが学校の授業に部分的に参加することが想定されていたため、カリキュラムとしては日本語初期指導を集中的に行うインテンシブコース（1日50分×3コマ、週4回）とし、初級終了（最低でも初級前半終了）レベルの日本語（聞く・話す・読む・書くの4技能すべて）を習得することを目標とした。これは、D、Eが就学した際に、教師やクラスメートとの基本的なコミュニケーションが可能で、自分の意思や要望が伝えられるレベルである。

　学習者5名の母語はパシュトー語であるが、同じくアフガニスタンの公用語であるダリー語も理解できるという情報を得ていた。年少者を対象とした日本語教材には、パシュトー語に対応したものがないため、ダリー語と文法構造が同じであり語彙も共通する部分が多いペルシャ語で書かれた教材を探した。そ

の中で、学校生活で遭遇するさまざまな場面でのコミュニケーションを学べる『たのしいがっこう』（東京都教育委員会 2021）を最初は使用することにし、ひらがなを覚えた段階で、ひらがなだけで書かれた『こどものにほんご ― 外国人の子どものための日本語　1』（ひょうご日本語教師連絡会議子どもの日本語研究会　2002）に移行する方針を立てた。

　5名とも日本語学習の経験はまったくなかったが、Eは日本語や日本文化に多少は関心があったようで、初めて会った際には自ら「こんにちは」と声をかけてくるなど、学習開始前の時点では、日本語学習のモチベーションがうかがわれた。

　当初は上述のスケジュールと内容で日本語教室を開始したが、さまざまな課題が続出し、教師側の計画や想定はほぼ覆されることとなった。次節以降では、日本語教室での実践を第Ⅰ期（教室開始前に想定した方針と内容で実践を行っていた時期）と第Ⅱ期（方針と内容を変更して実践を行っていた時期）とに大きく分け、それぞれの実践内容と問題点、修正した点について述べていく。

2.　第Ⅰ期（全8回：2022年3月15日〜5月20日）

（1）　学習内容と学習者の様子

　先に述べたように、学習者は日本語に触れた経験がほとんどない初学者だったため日本語の授業はゼロからのスタートとなった。また、本コースの終了後には学校に通うという差し迫った目標があったことから、まずは学校生活に不可欠な教室でのフレーズの導入から始めた。具体的には、授業中に教師の指示を理解するための「聞いてください」「言ってください」といった19のフレーズの学習である。もちろん、この時点で学習者は日本語の言葉の意味や文型を理解しているわけではなかったが、「聞いてわかる」を目標として、添えられている英訳を補助的に参照しつつ、動作を交えながら何度もリピート練習を行った。

　Ｃは、英語のコミュニケーションが問題なく可能であった。Ｄも、Ｃほどではないものの英語力は高かった。一方、Ａ、Ｂ、Ｅは日常的な英語は理解できるレベルであった。授業は基本的に、日本語を日本語で教える教授法である直接法で行ったが、パワーポイントや板書では適宜媒介語を使用し、理解を助ける工夫を行った。また、複雑な質問には教師、サポート学生とも英語で回答したところ、理解した学習者が英語の得意でないほかの学習者に教える姿も見られた。

　また、教室でのフレーズの練習と並行し、『たのしいがっこう』（ペルシャ語版）の1課「①あいさつとへんじ」の学習も開始した。この課では日常的に使用する基本的な挨拶や応答を中心に扱うため、とっさに言葉が出るようにボールを互いにパスし合いながら応答する練習をした。また自己紹介の項目では新しく学習した表現を毎日一文ずつ追加しながら徐々に完成させた。完成した自己紹介文は暗唱し、クラスで発表した。文字は習得していなかったものの、聞いた音をリピートする能力が高かったこともあり各自が自分の自己紹介を暗唱することができ、学習者の自信にもつながった様子であった。また、自己紹介を考える過程で、各自の趣味や好きなことを教師やサポート学生と共有したため、お互いを理解する良い機会となった。

　文字・数字についても、コース初日から導入と練習を進めた。数字は2日目から一度の授業で10の数字を導入した。自己紹介と関連させて日付や年齢の表現も取り入れた。1回3コマある授業のうち、1コマは文字の学習にあてた。ひらがなの教材としては『JYL　50音順　ひらがながくしゅうちょう』（加藤・服部　2011）を基本として1回当たり1行を導入した。導入にあたっては、学習者の母語であるパシュトー語と日本語とでは文字表記の方向が異なるため、右から左という日本語の書字方向を意識できるよう提示した。また、既習文字を組み合わせ意味のある語を提示する際は、イラストとともにパシュトー語等の媒介語も示して意味理解を促した（図4-1、図4-2）。この時点では文字と音声を結びつける点が大きな課題であったため、カルタ、ひらがなカード、連想法[2]によるひらがな学習のアプリ（国際交流基金関西国際センター　2015）などを使用し、サポート学生の補助を受けながら繰り返し練習を

図4-1　媒介語を使用したスライド①　　　図4-2　媒介語を使用したスライド②

した。ただ、文字の時間は3コマ目に設定する場合が多かったこともあって
か、ほとんどの学習者は集中力が散漫になり、教師の話を聞いたり、指示され
たようにワークシートに取り組んだりすることができなかった。

　最初の1週間は当初の予定どおりのペースで学習を進めることができ、2週
目は2課「②からだのちょうし」（『たのしいがっこう』）を中心に学習を進め
た。この課では体の部位について「どうしましたか？」「おなかがいたいです」
というやりとりから導入し、体の各部位の名称を練習した。当該教材には形容
詞の文法的説明はないが、学習項目と関連させ、出てきた表現の中から形容詞
を取り出し、「イ形容詞[3]」とその否定形を練習した。

　しかし、第Ⅰ期開始から約2週間経ったころに学習者から日本語教室を休み
たいとの申し出があった。これは、この時期が学習者ら家族にとって重要な宗
教行事であるラマダンと重なったことが背景にある。ラマダンとはイスラム暦
の第9月を指し、この間イスラム教徒は日の出から日の入りまで断食を行うも
のである。これにより、約1カ月間は日本語学習を中断することとなった。

　日本語学習の再開は5月からとなり、学習者の家族の要望により授業数は
週4回から3回に変更された。教材は引き続き教室開始時と同様のものを使用
し、復習を交えつつ、新しい学習項目を追加していく計画を立てた。ただし、
形容詞の否定形については、ひらがなが十分に習得されていないことや、導入
直後に日本語教室の中断も重なったことから、当面は肯定形のみを扱うことと
した。『たのしいがっこう』は3課「たのむとき、たずねるとき」で「ノート
をみせてください」「貸してください」などの導入と練習を行った。これに関
連して「〜てください」を使い、「助けてください」「逃げて（ください）」と
いった危機対応の表現も取り入れた。加えて「トイレに行っていいですか」

「水を飲んでいいですか」といった、「動詞のテ形[4]」を使った表現を続けて学習した。この時点では、テ形の文法的説明はせずに、ひとまとまりの表現として身につけられるよう繰り返し練習した。

　第Ⅰ期をとおしての学習者の様子としては、明るく和やかで素直な姿が印象的だった。年齢の近いサポート学生らと英語を介して雑談をする様子や、サポート学生のメイクや持ち物に興味を示すなど子どもらしい無邪気な様子も見られた。また、自国の食事やダンスや結婚式といった文化について饒舌に語る場面も多く見られた。

（2）　課題と検討事項

　第Ⅰ期は、開始前には断片的にしか把握していなかった学習者像が徐々に具体的になる過程であった。とくに、1カ月の中断を経た後は、学習者の学習姿勢や学習内容の定着状況に課題が散見されるようになった。それぞれの課題は、さまざまな要因が複合的に絡み合って顕在化したものと推察できるが、可能な限り個別に取り出し、以下で整理する。

（ア）　集中力の持続

　中心的な課題は学習者の集中力の持続であった。前述したように、学習者らは3コマ目になると集中力を切らしてしまい、教師やサポート学生の言葉が耳に入らない状態になった。とくにEは時に机に伏せてしまったり、「難しい」と英語で繰り返したりすることが目立つようになった。ラマダンによる1カ月の中断の後には、このような様子はより顕著になった。

　上記の課題への対応策としては、とくに文字学習で集中力が顕著に落ちることから、文字学習を3コマ目から1コマ目に移したり、カルタや音楽を取り入れたりするなどの対応をした。また、教授方法については、視覚を重視したものから音を重視した方法への切り替えを検討する必要が考えられた。本教室では導入や練習の際に、語や文の意味をイラストで示したり、代入練習で文の構造を示したりするのにパワーポイントによるスライドを多用した。しかし、このような提示方法で学習者の集中力や視線を一定時間持続させるのは難しかった。また、視覚から入る情報や概念については、理解や定着が弱い印象で

あった。一方で、ボールを投げ合いながらの応答練習や、絵カード、文字を介さない口頭練習や暗唱には積極性も見られ、やや効果を感じられた。

　（イ）　学習項目の記憶

　（ア）で述べた集中力の問題と深く関わると推察されるが、どの学習者も学習事項の記憶が難しく、練習の際は教師やサポート学生の発話のリピートはできるが、補助なしではどのような活動も難しかった。学習者たちは、学習においてわからないことや難しい課題に直面した際に、個人の力よりも他者と助け合いながら解決する傾向があった。そのため、わからないことがあればサポート学生やほかの学習者に頼り、一人ひとりが学習項目を覚えなくてはならないという意識が生まれにくい状況となっていたことも覚えづらさの要因かと考えられた。

　さらに、宿題の提出率も低く、家庭学習をする習慣が見られないことも定着を遅らせる要因の一つだと考えられた。教師としては、自宅では学習項目が定着するよう宿題や復習をし、教室は覚えたことを使って練習する場としてほしいと期待していたが、実際にはそのような期待とは相反する状況であった。

　学習項目の定着を図る方策としては、一斉指導という形態をとるなかでもより個々の学習者へ個別に課題を与えたり、課題に取り組む時間を確保したりすることが必要だと考えられた。また、サポート体制についても、学習者が答えを聞きたがっても安易に教えず、橋渡しをするよう心がけるという意識をサポート学生の間で共有する必要があっただろう。また、（ア）でも述べたように、口頭練習や暗唱といった音を介した練習では比較的定着する傾向が見られたことから、読み書きからではなく、音声を軸に記憶への定着を図る方法へシフトチェンジする必要があると考えられた。

　（ウ）　文字の認識と習得

　学習項目のなかでも、とりわけ文字習得に困難が見られた。学習者にとって、日本語の音韻と文字との対応の理解が難しく、習得には長期的な時間を要することが推し測られる状況であった。学習者が好んだこともあり、文字学習にはカルタを多く取り入れたが、音を聞いても対応する文字が思い浮かばず、日本語の言葉もほぼ覚えていなかったため、学習者は支援者の反応やヒントの

みを頼りに活動に取り組む様子が継続して見られた。第Ⅰ期終了時では、どの学習者にも「あ行」のそれぞれの文字の読み書きは難しく、「あいうえお」という一つながりの音として認識している様子だった。

　日本語教室開始当初は、ここまでひらがな習得に時間がかかることを想定していなかったため、ある程度ひらがなが読めるようになった段階で、『こどものにほんご1』を使用する予定であった。しかし、『こどものにほんごⅠ』はひらがなだけで書かれているため、当該教材の使用は断念せざるをえなかった。また、メイン教材であった『たのしいがっこう』についても、文字習得が進まず記憶への定着も課題となるなかでは使用の継続が難しく、これ以上課を先へ進めることが難しくなった。加えて、当該教材は場面シラバス[5]であるが、まだ学校へ通った経験や日本語話者と交流した経験もほぼないなかでは、その効果も十分には発揮できない可能性も考えられた。

　そこで『たのしいがっこう』の使用は第Ⅰ期までとし、第Ⅱ期からは『初級日本語げんきⅠ』（坂野ら　2022）へと切り替えることとした。『げんき』は4技能をバランスよく学べる教材で、文法については学習者が自分で学べるよう英語による解説もなされていることもあり、第Ⅱ期に向けては文法面では英語解説で理解を助けつつ、練習や活動を多く交えながら話せる言葉や文法知識を少しでも増やすという目標を新たに設定し進むことになった。

　（エ）　モチベーション

　彼らの置かれた状況を鑑みれば当然のことであるが、日本語や日本の生活についての予備知識もほとんどないうえに、日本文化などに関心を持つ様子もあまり見られず、日本語学習に対するモチベーションは低かった。この問題が顕在化したところで第Ⅰ期は終了したため、具体的な対応策については第Ⅱ期での実践を参照されたい。

3. 第Ⅱ期（全 27 回：2022 年 5 月 23 日〜 7 月 29 日）

（1）学習内容と学習者の様子

1 回 3 コマある授業のうち 2 コマは『初級日本語げんきⅠ』、もう 1 コマは第Ⅰ期と同じく「JYL　50 音順　ひらがながくしゅうちょう」を用いた。

『初級日本語げんきⅠ』では、「あいさつ」、第 1 〜 5 課[6] までを扱った。前回の語彙や文法の復習 → 文法導入で使用する語彙の導入 → 文法導入 → 文法練習の順に指導を行った。文法を導入したその日はその文法を使用して話すことができても、次の回になると覚えていないことがほとんどであった。したがって、時には復習のみで終わる日もあったが、新しい文法を導入するごとに復習を織り交ぜながら少しずつ進んでいった。1 週間のスケジュール（表 4-1）と文法練習（図 4-3、図 4-4）の例を以下に載せる。また、第Ⅰ期で文字では

表 4-1　ある 1 週間のスケジュール

	7/1（金）	7/4（月）	7/6（水）
09：30-10：20	・復習：「Particles」QA 練習、絵カード練習 ・復習：「X がありま	・復習：「X がいます」作文発表 ・「Past Tense of Verbs」	・復習：「Past Tense of Verbs」ジェスチャーゲーム、QA 練習、
10：30-11：20	す／います」絵カード練習、作文発表	変換練習、絵カード練習、QA 練習	母国の思い出を絵と作文で発表
11：30-12：20	・ひらがなテスト返却 ・復習：2・3 拍の言葉や拗音・促音の言葉	・ひらがなテスト ・家族の呼称、拗音の言葉	・ひらがなテスト返却、答え読み合わせ ・復習：家族の呼称

図 4-3　「X があります」作文発表

図 4-4　「Past Tense of Verbs」作文発表

なく音で覚えさせる教授法に効果を感じたことから、文字は文法の型など最低限を提示するだけで、絵で会話文を導入し口頭で覚えさせる方法に変えた。さらに、理解を優先させるため説明時に英語を多用することもあったが、日本語のみで授業を行うと、反発はなくむしろ日本語に興味を持つ様子が見られた。

　ひらがな指導は、第Ⅰ期の続きから進め、50音終了後は濁音、半濁音、拗音、長音の順に導入した。ローマ字表記で読み方の確認 → 文字をリピート → 一人ずつ文字を読む → 文字を使った言葉をリピート → 一人ずつ言葉を読む → 一文字ずつ空中またはホワイトボードに正しい書き順で書く → 練習用紙に書く → 発展練習の順に行った。発展練習時に一斉指導だと説明を聞いていなかったり飽きたりしていたため、第Ⅰ期での検討事項を踏まえ個別で活動する機会を増やした。

　また、第Ⅰ期で用いた練習法に加え、楽しくゲーム感覚で覚えられるよう50音点つなぎ、ひらがな間違い探し、清音に濁点を付けると意味が変わる言葉の書き取り練習などを行った。さらに、文字の感覚をつかませるため多感覚法によるモールでの名前作成（図4-5）を行った。皆作成に熱中し、とくにEが熱心にBに教える姿が見られた。一方、英語による連想法を用いたひらがな学習のアプリは、英語で言葉の意味は通じたものの学習者の母語ではなかったため、ひらがな定着にあまり効果はなかった。このように学習者に合った練習法は継続し、新たな手法も取り入れながら行ったが、学習者は依然としてリピート練習になかなか参加しなかったり、前回習った文字が読めなかったりなど、手ごたえがない日が続いた。

　そしてすべてのひらがなを導入後、ひらがなの習熟度チェックと定着を図る狙いで、80点以上を合格とした書き取りテストを実施した。テスト内容は自分の名前が4点、イラストが表す言葉19問が各4点、50音表の穴埋め10問が各2点で計100点からなる。テストの結果は図4-6のとおりである。D以外は2回目が1回目から大幅に点数が下がり、3、4回目は微増していたものの、合格点に達する兆しが見られなかった。テスト

図4-5　多感覚法による名前作成例

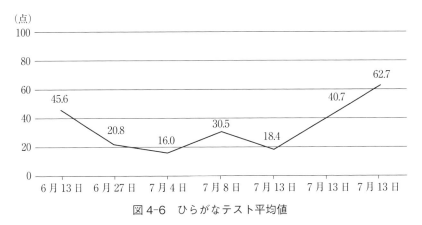

図 4-6　ひらがなテスト平均値

後は間違い直し、答えの読み合わせ、テスト問題のカルタ作成等を行ったが、50音の順番どおりに音では覚えていても文字と一致せず書けない状況だった。

　学習者の様子は、第Ⅰ期で課題となっていたモチベーションの低さや欠席、3コマ目の集中力切れも目立った。Cは会話練習に参加せず英語で話し続けたり、Eは配布プリントを丸めたり伏せたり質問に答えなかったりと、授業継続が困難な状態が続いた。そのためテキストやひらがな指導からは離れ、絵本の読み聞かせや歌、手遊びなどを行うこともあった。絵本や手遊びは興味を示したが、歌詞カードや動画を見ながら、歌で体と口を動かす活動は不評だった。

（2）　改善された点

　第Ⅰ期で明らかになった課題を踏まえて臨んだ第Ⅱ期でも、学習者の変化があまり見られない日が続いた。しかし、学習開始から4カ月目にして日本語能力の向上や取り組む姿勢に変化が見られた。

　第Ⅱ期で教材を変更した狙いどおり、依然として集中力は続かないものの、教材の英文による文法解説や新出語彙の訳が理解の手助けとなり、自ら母語で読み方を書くなど意欲的な姿勢が見られた。また、ジェスチャーや例の提

示による橋渡しや英語での補助があれば「今日何を食べましたか」や「昨日何をしましたか」などの質問に日本語で答えられるようになった。定着はしていないが、絵カード練習で絵を見て「〜ます」と言え、動詞や形容詞の現在・過去の肯否表現も言えるようになった。

　ひらがなは文字を読んだり書いたりはできないが、絵を見てそれが示す単語は何かを徐々に言えるようになった。また、合格するまでテストを何度も行う日を一日設けた結果、テスト前に自学時間を設けたため短期記憶ではあるものの、すでに合格していたDと当日欠席したBを除いた3名のうち、Cが7回目で合格し、A、Eも点数が上昇した。また、全員が自分の名前を書けるようになった。

　自己表現する活動では学習者が生き生きとしていた。既習文法を用いて作文と絵を描き発表する活動で、形容詞の過去肯否表現を用いた旅行の思い出や「（名詞）が好きです」を用いた好きなものの紹介では、皆集中して絵を描き、目を輝かせてほかの学習者の発表を聞いていた。「Q：（どんな＋名詞）が好きですか。A：（名詞）が好きです」という会話練習でも、自身や母国のことを伝えようと意欲的だった。母国の写真を用い、「（母国）に〜があります／います」という文の作成では、発表のために熱心に意味や読み方を確認していた。さらに、立って発表すると注目が集まりやる気が増していた。これらの活動では、彼らの学習意欲が自然と湧き出ており、通常の文法練習時にはあまり見られないことだった。学習者のために実生活で役に立つ日本語の習得を重要視していたが、実際は彼らが自己表現できる活動も不可欠なのだと痛感した。

4.　日本語教室を終えてのアセスメント結果と考察

　日本語の習得状況を測るため、日本語教室終了後に4名の学習者（A、B、D、E）に対してアセスメントを行った。ひらがなを「読む」では、清音についてのみ2割から3割程度読むことができた。「書く」では意味のある言葉として産出できるのは各自の名前のみであった。また「聞く」では授業で頻出で

あった単語であれば、音を聞いて対応するイラストを選ぶことができた。ただし単語レベルではなく文レベルになると聞き取りは難しく、4名全員が理解できたのは自己紹介のみであった。そして「話す」では、挨拶やものの名前の単語レベルの質問ではごく初歩的な語のうち3割から5割程度を答えることができた。また、文レベルでの質問項目についてはAとDは自分の住んでいた町の説明をすることができた。全体的な傾向として語彙が非常に少なく、単語レベルの発話が中心であり、英語に頼る場面が多く見られた。また、AとDは比較的正答率が高いものの、BとEは産出も質問の理解も難しく、無意識的に英語で応答する場面が多く見られた。

　結果としては、当初目標としていた「初級前半終了レベル」には遠く及ばず、「入門レベル」にとどまることとなった。教室でのその場での応答はできても、確実に理解・使用できるレベルまで定着していない項目がほとんどであった。挨拶や自己紹介、単語レベルの受け答えなど、できるようになったものももちろんあるが、授業内で多大な時間をかけ、宿題もその都度出し、テストも合格するまで繰り返して行ったひらがながほぼ定着していない状況であることを考えると、この約4カ月の日本語学習の進捗状況は、一般的な日本語学習者のそれと比較して著しく遅いと言わざるをえない。

　このあまりに「覚えられないこと」については、避難民ならではの問題であるのか、個人の特性に起因するものなのかは本実践だけでは判断することは難しい。ただ、筆者らの日本語教育経験においては初めての経験であり、避難民を教えることになる場合には、留意すべきポイントになる可能性がある。

　彼らは、異国に突然来ることになり、異文化環境へのストレスはもちろんのこと、明確な動機のないまま日本語学習を始めなければいけないこと、先が見えないことへの不安など、さまざまな心理的問題が絡み合っていたと推察される。これまでとはまったく違う環境での生活で、将来や進学のことなどを冷静に考えられる状況になるまでには、相当の時間が必要であることは容易にうかがえる。

　まずは、言語や文化、習慣を含めて「今自分たちがどんな場所にいるのか」という認識を育むことが重要ではないだろうか。とくに、外国人散在地域であ

る函館の場合、学習者の周囲には家族以外に出身地域や母語が同じ住民が一人もおらず、同じような境遇の外国人コミュニティもない状況であったため、日本社会に段階的になじんでいけるような機会が少なかった。日本語教室と家を往復するだけでほかの場所をあまり知らない状況では、日本語に関心も必要性も感じることは難しいだろう。日本語学習のモチベーションがある程度高まらなければ、学習への集中力や、覚えるための創意工夫なども生まれない。可能であるなら、すぐに日本語の学習を開始するのではなく、日本語教師も含めた避難民と関わる関係者皆で、少しずつ日本社会や日本人とふれ合う機会をつくるべきであった。例えば、同年齢の子どもたちや大学生と継続的に交流することなどもその一つである。このような試みの積み重ねが、学習者との信頼関係の構築につながっていくのではないだろうか。

　それと関連して、「ある程度日本語を身につけてから学校に通わせる」方針をとるのではなく、1 日 1 時間でも、学校生活を経験させながら日本語学習を行う方がよかったのではないかと考えられる。日本語教室で日本語の難しさを実感した D、E は「今の日本語能力では入学してもクラスメートに馬鹿にされるから学校に行きたくない」と漏らしていた。早く入学し、学校生活を送りながら日本語学習を行っていたら、学校生活への過度な不安もなく、日本語学習のモチベーションも上がったのではないだろうか。

　また、学習者が自己表現できる機会を積極的につくることが非常に重要であると考えられる。学習者が母国や自己について伝えようとするときは、目が輝き生き生きとしていた。自ら読み方を確認し、発表の練習をし、非常に意欲的だった。彼らの母国やルーツへの誇りを日本語学習のなかでまずは表現させることが必要であることを実感した。日本社会で受け入れられるかまだ心許ない状況の学習者に寄り添うのであれば、実用的なサバイバル日本語を教えるよりも「自分たちが何者であるか」を表現させること、安心して自己を表現できる居場所をつくることが、年少者に対する初期指導段階においてはるかに重要であることが示唆された。そのためには、日本語が一定レベルになるのを待たずに、彼らの伝えたい内容について、翻訳ツールなどを柔軟に使って表現させてもよいだろう。

　外国人散在地域において、避難民の日本語教育に従事することになる日本語教師には、どうしても学習者の心のケアや相談相手としての側面が生まれてくる。しかし、実際には避難民の状況（家庭状況、文化的慣習、学習歴、学習習慣など）が断片的にしか入ってこなかったり、上述したような避難民特有の問題に対応するための効果的な接し方などがわからなかったりなど、多くの問題に直面し、教師としてのモチベーションを保つことに苦労した。避難民の状況や精神的サポートについてはすべての関係者と共有し、協力して行っていくことができるような体制を組むことも必要不可欠である。

おわりに

　本章では、函館校で 2022 年 3 月から 7 月まで緊急支援的に行った、紛争地域からの避難民（年少者）に対する日本語初期指導の実践について報告した。

　今回の実践においては、日々の授業に必ずサポート学生が入り、教師と学習者をつなぐ働きをしてくれた。思うように進まない授業や学習者のやる気のない態度に疲弊していた際に、あるサポート学生 F が報告書に書いた「私たちが日本語や日本のことを教えるだけでなく、アフガニスタンのことをもっと教えてもらう必要があると思います」という文を目にし、はっとさせられたことを覚えている。サポート学生たちは、休み時間に積極的にアフガニスタンの言葉や文化について質問し、学習者らは、夢中になって説明していた。また、日本語教室が終わりに近づいたころ、学習者 E があるサポート学生 G に、「G と日本語でもっと話したいから日本語をもっとがんばりたい」と言ってきたという。避難民のための日本語教室は、まず第一に安心して自己表現できる場でなければならないこと、そしてそこで培われたコミュニケーションの喜びが、学習のモチベーションにつながると気づかせてくれたサポート学生たちに心より感謝したい。

　これまで述べてきたように、外国人散在地域において日本語教師や日本語学習支援者の存在は、難民・避難民にとって、最初の「理解者」でありモチ

ベーションを高める存在になりえる。しかし、本来であれば、難民・避難民の受け入れや言語教育、キャリア形成のサポートは受け入れた地域のみに任されるものではなく、ドイツやオランダ、カナダなど多くの諸外国と同様に、政府による公的なプログラムが提供されるべきである。外国人散在地域は予算もサポート人材も不足しており、難民・避難民が相当程度の日本語を使いこなせるようになるまでには非常に時間がかかる。日本語ができなければ進学も就職も難しいのであれば、彼らは日本社会での生活に絶望してしまうのではないだろうか。日本語教育を提供することも必要だが、今後は彼らの言語権を保障することも重要である。紛争地域の言語の翻訳者や通訳者の拡充、学校教育各教科のテキストの翻訳などは、政府が難民・避難民のための公的プログラムの一環として行う必要がある。地域の日本語教育者や学校関係者が今すぐできることとしては、日本語能力が低くても年齢相当の学びを保障する仕組みづくり（やさしい日本語での教科内容の指導、翻訳ツールの効果的な活用など）が挙げられる。

　2023年9月現在、学習者らは日本の生活にも慣れ、元気に過ごしている。今後とも彼らの学びたい思いに応え、将来の夢や進路の実現をできる限り応援していきたい。彼らに対する日本語教育のその後の取り組みについては、機会を改めて論じる。

注
1)　執筆にあたり、その目的とデータ使用についての説明および学習者の個人情報とプライバシーの保護についての説明を文書で行い、本人および保護者から書面にて同意を得た。
2)　ひらがなやカタカナの字形を短期間で覚えられるように、学習者の母語や媒介語で、語頭に覚えさせたい文字に近い発音を持つ言葉をイラストで提示する。イラストにはひらがな（カタカナ）が重ねて書いてあり、そのイラストから音と字形を連想させる方法。
3)　名詞を修飾する形が「〜い」となる形式を指す。
4)　文と文や補助動詞をつなげる際の「て／で」の形をとる活用形を指す。
5)　「言語をその言葉が使われる場面や場所の観点から分類したものを場面シラバスという」（佐々木2007：122）。
6)　第1〜5課文法項目は次のとおり。

第1課：XはYです、Question Sentences、Noun₁ の Noun₂

第2課：これ／それ／あれ／どれ、この／その／あの／どの +Noun、ここ／そこ／あそこ／どこ、だれの Noun、Noun も、Noun じゃないです

第3課：Verb Conjugation、Verb Types and the "Present Tense"、Particles、Time References

第4課：Xがあります／います、Past Tense of Verbs

第5課：Adjectives（Present Tense）、Adjectives（Past Tense）、Adjectives（Noun Modification）、好き（な）／きらい（な）

引用・参考文献

国際交流基金関西国際センター（2015）「Hiragana Memory Hint English Version」バージョン 1.0.6。

坂野永理・池田庸子・大野裕・品川恭子・渡嘉敷恭子（2022）『初級日本語げんきⅠ』ジャパンタイムズ出版。

佐々木泰子（2007）『ベーシック日本語教育』ひつじ書房。

伴野崇生（2013）「『難民日本語教育』の可能性と課題 ― 難民の権利・尊厳の保障のための日本語学習支援の構想」『難民研究ジャーナル』3、26-43 ページ。

ひょうご日本語教師連絡会議子どもの日本語研究会（2002）『外国人の子どものための日本語 こどものにほんご 1』西原鈴子監修、スリーエーネットワーク。

森谷康文（2010）「難民のメンタル・ヘルス」森恭子監修、難民支援協会編『外国人をめぐる生活と医療』現代人文社、25-41 ページ。

Web サイト

加藤庸子・服部珠代（2011）「JYL 50 音順 ひらがながくしゅうちょう」、https://www.kodomo-kotoba.info/booklet/basicsearch_booklet_02_01.html、2023 年 8 月 2 日アクセス。

東京都教育委員会（2021）「外国人児童・生徒用日本語指導テキスト たのしいがっこう」、https://www.kyoiku.metro.tokyo.lg.jp/school/japanese/tanoshi_gakko.html、2023 年 8 月 2 日アクセス。

謝辞

本実践を行うにあたり、ご尽力くださったすべての方々に感謝申し上げます。とくに、第Ⅱ期の途中まで授業実践に参加してくださった函館日本語教育研究会の石岡佳子先生と、学習者一人ひとりに寄り添ったサポートをしてくださった、函館校の学生有志の皆様に心より感謝申し上げます。

また、このような実践の機会をいただき、日本語教室運営や、学習者およびその家族とのコ

ミュニケーションにおいて多大なるご協力をいただきました、函館校の森谷康文先生、古地順一郎先生に感謝申し上げます。

　最後に、避難民に対する緊急対応としての本実践を函館校としてご支援くださった、函館校元キャンパス長五十嵐靖夫先生、函館校総務グループ、財務グループの皆様に感謝申し上げます。

※本実践は、公益財団法人 笹川平和財団業務委託事業「函館モデル構築プロジェクトにおける日本語学習支援の実践」の助成を受けたものです。

コラム4 海外フィールドワークにおける言語をめぐる問題

　言語が異なる地で調査を行う場合、通訳を介すか、調査者がローカル言語を用いるかによって、得られる情報の質は異なってくる。

　2010年よりエチオピア西南部に暮らす少数民族マーレを対象にフィールドワークを行ってきた。彼らの母語であるマーレ語を用いて調査を行ってきたが、訪問当初、私はマーレ語をまったく話すことができなかった。調査村で過ごした最初の数日間、少し英語を話せる人に通訳を頼み、村の人たちとコミュニケーションをとって、ホームステイ先を探した。

　私を受け入れてくれた家には、何人もの子どもの姿が見られた。子どもを一人、また一人と見かけるたびに「この子は誰？」と通訳者に聞いていくのだが「ひとの子だ」という回答ばかりが返ってきた。世帯主夫妻は9人の子どもを産んでいたが、そのほとんどが結婚や就職によって家を出ており、家に残っていたのは2人の娘だけであった。この2人の娘以外にいるたくさんの子どもたちはいったい誰なのか。

　「誰の子？」と通訳に尋ねると、「かれらの娘の子（孫）だ」と説明されることもあれば、あくまで「ひとの子だ」という返事しか返ってこない子もいた。私が尋ねたときに通訳が家の人に確認していた会話は長かったはずなのだが、子どもの出自に関する詳細を訳してもらえなかったのである。ここでは、通訳者の判断に基づいて、その場で共有すべき情報が取捨選択されていた。

　数か月後、日常会話程度ならマーレ語でこなせるようになり、私はようやく滞在先の世帯にいた子たちがどのような子であったのかを知るようになった。紙幅の都合上、ここでは詳細についての説明は省くが、誰の子であるか社会的には確定していない、いわばコミュニティからはじかれた子どもをこの家では引き取り、養育していたのである。こうした複雑な事情を来たばかりの何もわからない外国人の私に対して懇切丁寧に説明する必要はない（あるいは説明のしようがない）と通訳者は判断したのであろう。

　日常会話ができるようになり、世帯調査を行っていたときのことである。夫婦が揃ってインタビューに応じてくれたとき、世帯構成について聞き取るにあたり、私は「あなたたちの子どもは何人ですか」と尋ねた。目があった世帯主の妻は「私たちの子？　7人よ。男が5人、女が私と妹1人」と言い、自分の子の人数ではなくキョウダイの人数を答えた。

　ここでは「あなたたちの子」「私たちの子」という表現に含まれる「あな

たたち」「私たち」が示す集団は、自らが属している親族集団であり、その場にいる2人を想定していた私の認識とは異なっていたのである。このとき、私は「あなたの子ども」と言うべきであった、と同行していた調査助手に指摘された。こうした表現からは、父系の親族集団で構成されているマーレ社会において、結婚した女性の帰属意識が婚入先に絶対的に結びつけられているわけではないことが示されていた。

　一つひとつの単語の意味を知ったつもりになっていても、文脈に応じてことばの使われ方は異なってくる。こうした言い回しのニュアンスをつかむことは、フィールドワークにおいて重要かつ難しいところであろう。

（有井　晴香）

第5章

地球市民の育成を目指したゼミ活動と外国語出前授業の実践
― 学生と共に取り組む地域貢献活動 ―

石森　広美

は じ め に

　昨今、世界的に推進されている SDGs（持続可能な開発目標）に象徴されるように、教育は望ましい未来社会を目指して展開される。その実例として、「教育の未来」に関するグローバルレポート "Reimagining our futures together：a new social contract for education"（UNESCO 2021）は、教育関係者の関心を集めている。ここでは、持続可能性の未来やシティズンシップ、学習・指導の未来等、未来への教育論が幅広く議論されており、現在国連が推進する地球市民教育（Global Citizenship Education）の方向性にも符合する（UNESCO 2014）。

　「未来」という概念は、持続可能で公正な共生社会、そして平和構築のために地球市民としての自覚と責任をもち、より良い未来を他者と共に築こうとする意志と必要な知識とスキルをもって行動を起こそうとする力を育成する地球市民教育の土台ともなる。これからの教育を担う教員をいかにして養成するか。本章では地球市民育成を目指したゼミ活動を概観したうえで、学生と共に取り組んだ外国語・国際理解教育の出前授業を中心とした地域貢献活動について、実践志向的に探究する。

1.　背景と本章の趣旨

　筆者が担当する北海道教育大学函館校地域教育専攻における英語科教育・国際理解教育のゼミ活動では、その主軸を「地球市民教育」とし、"Think globally, act locally" をモットーに、さまざまな活動を展開してきた。ゼミ生と対面した2022年4月。彼らは2020年の入学時からコロナ禍に見舞われ、その状況の中で大学3年目を迎えようとしていた。未来志向の地球市民教育は、学習者をエンパワーさせる。学生の閉塞感を打破し、自分の人生により前向きになれるよう地球市民ゼミを起動させ、シンガポール研修旅行をはじめとし、グローバルな視野をもって地域に貢献できる市民を目指す諸活動に取り組むこととした。本章の背景にはこうした状況が存在する。

　　「コロナ禍だから仕方ない」、「運がない世代だね」、「今年も留学は厳しいと思うよ」
　　私が飽きるくらい何度も聞いてきた言葉である。「大学生になったら留学がしたい」、「大学生になったら色んな国に行きたい」と、期待を胸にこの大学に入ったものの、ここ2年間日本は「自粛」の一言で、やがて諦めることが多くなっていった。私は海外について何も知らないまま大学3年生になっていた。
　　　　　　　　　　　　　　　　（中略）
　　シンガポールに行ってから、ぐずぐずしている時間がもったいないと思うようになった。確かに、じっくり丁寧に考えることは大切だし、何も考えずに見切り発車することはよくないかもしれない。しかし、たった一つの行動が、自分の知らなかった新たなことを知ることにつながるのならば、私は今すぐ行動したい。たとえその行動で失敗したとしても、次に活かせば成功に近づけることができる。シンガポールでの学びは濃く、深く、言葉に表せないほどであった。行動しなければ何も始まらないということを一番に肌で感じ、学んだ。
　　　　　　　　　　　　　　　　（後略）

　上記は、ゼミ活動として2022年9月に実施したシンガポール研修旅行の帰国後に、学生が提出したレポートの一部である。学生たちと幾度となく語らう過程で、「大学生活を諦めた」「自分を表現しなくなった」「楽しいとかワクワ

クする感情が消えていった」「挑戦しようとしなくなった」といった心情が吐露された。コロナ禍でも徐々に躍動していく世界の一端を体感させ、将来に積極的になれるよう、そしてグローバルな視野をもって地域社会に貢献できる教員を養成するため、教育実習修了後に独自のシンガポール研修を実施した。それを機に、地球市民を育てる外国語の出前授業という地域貢献活動へと発展させていくこととなった[1]。

　また、2020年度から小学校において「外国語」が教科化され、外国語（英語）教育を担当できる小学校教員の育成が急務となっている。こうしたニーズに応えるゼミとして、小学校における外国語と国際理解教育の担い手育成を目指し、教育を軸とした海外研修の創出のほか、ゼミ生と共に地域の小・中学校への外国語・国際理解の出前授業、函館市高齢者大学での地球市民教育の講義等、多彩なグローカル（グローバル＋ローカル）な活動を展開してきた。

　本章では、コロナ禍終盤である2022年度の地域貢献活動を含むゼミ活動を省察し、その意義と学生の成長について、地球市民育成の視座から考察する。

2. 初等中等外国語教育と地球市民教育

（1）　教員養成と地球市民教育

　地球市民教育や国際理解教育、グローバル教育等、近接概念の呼称が混在するなか、いずれにも共通するのは「未来」志向という点である（石森 2013：2019）。この先（未来）の世界・社会をより良いものにするために、現在の教育のあり方を思考するからである。多田（2020：9）は「地球社会の一員としての当事者意識・多文化共生のマインドの育成をもち、いまある現実の課題の解決のみではなく、未来をみすえる思想の涵養」の重要性を主張する。すなわち、地球市民の育成である。また、グローバル化にともない多様性がいっそう尊重されるようになった現在、さまざまな側面で自分とは異なる他者を理解・尊重し、柔軟に対処する力を児童生徒に育成する必要がある。そのためには、多様性という枠組みを活用し、対立や理解不可能性を乗り越え、希

望ある未来構築に資する資質・能力をもった教員を養成しなければならない。

　地球市民教育は、もともとは1990年代後半にOxfamなどのNGOが地球市民（Global Citizen）の概念を提唱し、カリキュラムの整備や教材開発を行ってきた経緯がある（Oxfam 2006；石森 2019）。その後、2012年にパン・ギムン国連事務総長によるGlobal Education First Initiative（GEFI）において、グローバル・シティズンシップ教育を最優先課題の一つとして位置づけたことから、地球市民教育についても、ユネスコの主導で展開されるようになった。ローカルな視点とグローバルな視点の接合や、当事者としての主体的な行動が重視されている（Oxfam 2006；UNESCO 2014）。その理念は、"Think globally, act locally"と軌を一にする。

　地球市民教育の実現には、まずは学生自身が一人の地球市民として成長し、資質・能力を高める必要がある。この意味においても、教職志望学生の海外（シンガポール）研修（後述）は、大きな役割を担うと考えられる。

（2）　初等中等外国語教育における地球市民教育の意義

　地球市民教育に関連し、異文化コミュニケーション能力の育成も叫ばれている（Byram 2021；Ishimori 2023；鳥飼 2018 ほか）。異文化とは、国籍や民族、宗教等の違いのみならず、年齢、ジェンダー、身体的特徴、価値観等の差異も包含する幅広い概念である（Jackson 2020 ほか）。異文化コミュニケーション能力やグローバルな視野育成は現代的な教育課題であり、教員養成課程教育におけるその必要性も提起されている（海谷 2018；田嶋 2019 ほか）。

　また、既述したように、外国語（英語）を指導できる小学校教員の養成は喫緊の課題である。学士課程における教員養成教育が依拠する「小学校教員養成課程外国語（英語）コア・カリキュラム」（文部科学省 2017）の構成要素には、「異文化理解」も含まれる[2]。これは、外国語教育と地球市民教育を接合する要諦である。「異文化理解」を切り口として、外国語教育を、多様なものの見方、文化的多様性の尊重や他者理解、そしてより良い社会を目指し共に生きようとする姿勢をもった地球市民育成へと発展させることができる。加賀田（2021）が述べるように、外国語教育においても「持続可能な社会の担い手」

として多様な価値観や考え方を共感的に理解できる心情の育成が求められ、学習者は異文化に触れることで自文化への理解を深めたり、地球的課題への解決策について考えたり行動したりすることにつながる。

　多文化社会において、多様な文化への配慮と尊重なしに、心の通うコミュニケーションは成立しえない。また、言語には必然的に文化が付随しており、両者は密接不可分の関係にある。現在、日本のほとんどの学校で採用されている「外国語」としての「英語」は、世界中で学習され、母語が異なる人同士がコミュニケーションをとるための共通語（リンガ・フランカ）として使用されている。英語を第二言語あるいは外国語として使用する話者の数が、英語母国語話者の3倍以上であることを鑑みると、英語を使用してつながる人々の背景にある文化も多種多様であり、外国語をとおして世界の多様性を認識する意義が確認される。多様性の認識と尊重は、地球市民教育の基軸となるものである。このように、外国語教育と地球市民教育の親和性は大きい。

3. シンガポール研修

　ここではゼミ活動の一環として、2022年に実施した海外（シンガポール）研修の意義について具体的に検討する。

（1）概要

表5-1　海外（シンガポール）研修概要（2022年度）

日　　程：2022年9月23〜28日（4泊6日）
訪 問 先：シンガポール公立小学校・公立中学校、シンガポール国立大学 　　　　　　多民族のエスニックタウン、文化施設等
研修内容：授業見学、現地小・中学校教員とのディスカッション、現地小学校における 　　　　　　日本と北海道の文化プレゼンテーション、児童との交流、大学生との交流、 　　　　　　多文化社会探訪 　　　　　　シンガポール教育省（MOE）職員・高校教員との意見交換

　研修地については、コロナ禍でもいち早く外国人訪問客に門戸を開き、当該時点で入国可能であったシンガポールに設定した。選定の理由は、筆者がシンガポールの学校教員とのネットワークを有することに加え、①公用語として英語が使われている（初等外国語との関連）、②教育熱心な国である（教職志望学生にとって有益）、③多民族・多文化国家である（多文化共生の学校・学級づくりの視点）、④治安が良好である（研修全体の安全性）、の4点が挙げられる。

　本研修（実地）では表5-1のとおり、シンガポールの公立小・中学校を訪問し、授業見学や教員との懇談、児童生徒との交流等に加え、高校教員や教育省職員らとの非公式な意見交換の場も併せて設けた。海外研修自体は9月の夏季休業中に実施したが、その準備と事前事後活動期間を含めると、学習活動は約半年に及ぶ（図5-1）。海外（実地）研修を中間地点に配置することで、その前後の学びの必然性は高まり、実感をともなうオーセンティックなものに深化する。事前研修はレディネスの強化と学習動機の向上に必須であり、事後研修は学びを振り返り、意味づけし、定着化を図るとともに発展させるうえで重要な役割をもつ。事後研修の主軸は、地域貢献活動としての小・中学校への出

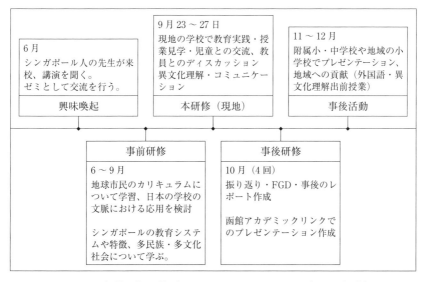

図5-1　海外研修の学びを深めるフレームワーク（2022年度）

前授業とした。その構想と実践をとおして学びを強固にし、海外研修の価値を
高めるためである。

　ゼミ活動では地球市民教育のカリキュラム分析をとおして意見交換をした
り、日本の小学校教育に関連づけたりしながら、その内容や可能性、応用方法
等について考察を深め、その後、訪問国であるシンガポールの高学力の背景や
教育制度の特徴、多文化共生社会の実相等についても同時に探究していった[3]。

（2）　学生の気づき・変化

　詳細は割愛するが、帰国 2 週間後のグループ・ディスカッションでの学生の
語り（学生 A・B・C・D・E）が学びを象徴的に表現しており、以下に一部を
紹介したい。

　Q）大学入学時（2020 年）からコロナ禍でさまざまな活動が制限された 2 年
　　　半だったが、この海外研修はどんな意味があったか。また、行く前と後で何
　　　が一番変わったと思うか。

　A：チャレンジ精神が身についたと思う。高校の時は「大学生になったら海外に行
　　　きたい」「留学したい」と思っていたけど、コロナで何もできなくなって。や
　　　る前から諦めることが増えていった。周りからも「コロナだから行けるわけな
　　　い」といつも言われて。でも、もう悩んでいるのがばかばかしくなった。行動
　　　しないと何も変わらない。
　B：前は「どうしよう」って悩むのが多かった。今は、自分から発信して、自分か
　　　ら動くのが当たり前になった。
　A：できるできない、とか関係ない。発言したい。英語も話したいと思うように
　　　なった。
　C：「コロナなのに（海外に）行けるの？」と友人から聞かれた。自分でもドキド
　　　キしていた。でも、チャレンジすることがすごく大事だってわかった。コロナ
　　　になって、留学とか海外とか思い浮かべなくなっていた。今回行ってみて、自
　　　分の中で何かが呼び起こされた感じ。
　D：ずっとコロナでいつの間にか、ワクワク感とかドキドキ感とかがなくなって
　　　淡々と過ごしていた。今回の研修で好奇心を取り戻せた気がする。自分の中の
　　　ポテンシャルが花開いた、っていうか。

E：（シンガポールに行ってから）コロナのこといつの間にか忘れてた。

B：気づいたら私も忘れてた。なんか、自分たちのコロナはもう終わった、みたいな。

C：海外に行って英語でやるしかない、という環境になって、成長につながった。伝える喜びを知った。伝える喜びが学ぶ意欲につながった。

B：目的意識でこんなに（成果が）違うんだ、って。

（中　略）

A：日本の教育について知らないなあ、ちゃんと説明できないって思った。シンガポールの先生たちは誇りをもって語ってくれた。もっと（日本の教育のことを）知らなきゃ。

B：日本の教育を「外」から見ることができ、客観的に考えられた。

E：「探究心」っていうのが自分のキーワード。「楽しい」って思える教育。ICTを活用した授業とか教科書を使わない授業とか、主体的で対話を重視した授業とか、いろいろ勉強になった。

B：確かに。あと、シンガポールでは教師が尊敬されている気がした。

E：教師が学び続けてなければ意味がない。この「初心」に帰るような気持ち……。

D：教師になることがゴールじゃない、っていうか。その先が大事だな、って気づいた。

　シンガポール研修は事前・事後研修の過程を含めた学習全体において、学生に大きなインパクトをもたらした点で意義が認められた。振り返りのディスカッションに加え、事後に提出された自己評価（ルーブリック）、レポート等質的データを分析した結果、学生たちの問題意識を深め、視野を広げる効果が得られたと判断できたからである。また、上記の「日本の教育について説明できるくらいしっかり知りたい」という気持ちや「日本の教育を客観視できた」という主旨、そして「教師になってから学び続けること」への展望に言及している点も、それを傍証している。検討の結果、異文化コミュニケーション能力の向上、グローバルな視野の獲得、教師としての認識の向上、さらには多文化共生教育を担う者として、総合的に自己の成長を促す成果が確認された（石森2023a）。

4. 外国語出前授業の構想と実践 ― 地域貢献活動として ―

（1） 小学校での実践枠組みの検討 ― 外国語教育との関連 ―

　上述のとおり、学生はシンガポール研修という体験型学習活動をとおして
さまざまなことを吸収し、学びを深め、視野を拡大させた。しかし、シンガ
ポール研修自体が帰結点ではない。むしろ、その研修で得た知見や経験の教育
への活用方法を思案し、地域に貢献できる教育活動として具現化させることが
肝要である。

　地球市民教育の特性は全人教育であり、教科横断的かつ総合的であること
から、多角的なアプローチが可能である。実践の場や形態は多様に存在する
が、ゼミの特長を生かし、英語の授業と関連づけて授業をデザインし、地域貢
献活動として市内の学校で授業実践（出前授業）をすることとした。

（2） 授業開発

　帰国後の「地球市民教育」を中心テーマとする授業実践は、「多文化共生」
に焦点を当てて展開することにした。学生がシンガポール研修で学んだことの
中で、最も伝えたいメッセージは何か、を追求した結果である。その背景に
は、以下のような学生の思いや体験がある（振り返りのジャーナルより）。

　　（シンガポールでは）私たちがマイノリティだったにもかかわらず、いろいろな
　異文化が共存しているこの国では、私たちのことを変に見るようなそぶりもなく、
　当たり前のように街に溶け込むことができた。日本がすべて真似することはできな
　くても、異文化を尊重することはもっとできるのではないか、と考えるようになって
　いった。

　　小学校では、まず授業を見学した。教室に入った瞬間ダイバーシティを肌で感
　じることができた。"多文化共生"がずっと頭にはあったが、教室に入ったとき、
　これなんだ！ と思った。多文化共生がこんなにも進んでいるということがとても
　印象的だった。さまざまなバックグラウンドをもつ児童がただ一緒に授業を受けて
　いるというわけではなく、お互いを認め合っているような雰囲気を感じた。

　一つのクラスには中華系、マレー系、インド系のほかに、欧米系などさまざまな民族がいて、それだけでも日本ではまったく見ない景色だった。まさに“多文化共生”の学校だった。

　実際に授業風景を見させてもらい、アクティブラーニングが中心で、皆が勉強に対して取り組む姿勢が教育の理想であり鏡だと思った。子ども一人ひとりがきちんと輝ける授業風景は素晴らしく、勉強に対する意欲が高い理由もうなずけた。また、さまざまな背景を持つ子どもたちが“共存”している光景は日本ではあまりみないので、新鮮だった。

　授業開発には、ほかの実習のためシンガポール研修に参加できなかった2名のゼミ生も加わり経験の共有化を図りながら、3年生計7名が従事した。議論を重ねた末、授業のキーワードを“Harmony”に設定した。Harmony——すなわち「調和」は、多文化共生の鍵概念でもあり、多民族国家シンガポールにおいて頻用される単語である。多民族・多言語・多宗教の人々が互いを尊重しながらも同じ「国民」として結束する必要があるシンガポールにおいては、“Racial Harmony”という多文化共生の考え方が学校教育を含め、社会全体に浸透している（石森 2009）。

　他方、異文化は身近にも存在し、アイデンティティにも深く関わる複雑で多義的な概念である。広義に捉えれば、教室で一緒に過ごす仲間もまた、「異文化」を保有する存在である。日本での教育実践を思考したとき、「違い」がし

表 5-2　“Harmony”授業実践（2022 年）の概要

授業実践日	実践した学生	学校	対象児童生徒・授業形態
①　2022 年 11 月 28 日	3 人	函館市立北日吉小学校	5 年生　計 41 名 (2 クラス・クラスごと)
②　2022 年 11 月 29 日	6 人	北海道教育大学附属函館小学校	5 年生　計 64 名 (2 クラス・合同)
③　2022 年 12 月 14 日	5 人	函館市立日吉が丘小学校	3 年生　計 55 名 (2 クラス・合同)
④　2022 年 12 月 16 日	6 人	北海道教育大学附属函館中学校	1 年生　計 94 名 (3 クラス・クラスごと)

ばしばいじめや差別の元凶となってきたことを鑑みれば、「外国」という括りや異なる「民族」「人種」「宗教」等の「違い」に矮小化するのではなく、一つの教室の中にも多様な考えや志向、性格の級友が存在し、特徴や個性を認め合う心（グローバルマインド）を涵養する視点、すなわち多様性の尊重が 要 _{かなめ} となる。こうした多様性尊重の概念は、近年とくに重要視されてきており、自治体の教育行政についても同様の指摘があることも看過すべきではない[4]。

表5-3　小学校外国語科（5年生）指導案（簡略版）[5]

小学校外国語科出前授業

1.　単元名「外国語をとおして学ぶ異文化理解」
2.　題材名「シンガポールをとおして学ぶ外国語と共生社会」
3.　本時の目標「Harmony」をキーワードとして多文化共生社会について理解を深める。
4.　本時の展開

	学習活動と子どもの姿（○）	教師の支援（☆）
導入	○「Harmony（ハーモニー）」とは何か予想する。（合唱でのはもり、音楽の音色…） ○シンガポールの風景や様子について知る。 ○シンガポールの位置について知る。 ○シンガポールの食べ物について知る。	☆授業のテーマである「Harmony」を提示する。 ☆シンガポールの写真を提示する。 ☆世界地図を提示し、シンガポールの位置を確認する。 ☆シンガポールの写真を提示する。
展開	○シンガポールの罰金制度について知る。fine のように一つの単語で複数の意味があることを学ぶ。 ○ can't を使って、シンガポールではできないことを英語で言う練習をする。 ○罰金がいくらで、なぜ罰金があるのかを考える。 ○さまざまなハーモニーについて知る。（環境、宗教、言語、人種）	☆シンガポールの罰金に関する看板を示す。 ☆「fishing」の看板と、can't の例文を示す。 ☆「smoke」の看板と、can't の例文を示す。 ☆1シンガポールドルを約100円と示す。 ☆写真を提示する。
まとめ	○クーピーの「肌色」を提示し、シンガポールの学校からもわかるように、「肌」の色はさまざまであることから、「肌色」という呼称が変化していることを知る。 ○シンガポールの多文化社会について知り、「Harmony（ハーモニー）」を奏でながら成り立つ社会について考えたこと、感じたことを感想シートに記入する。 ○記入したことを近くの人と交流する。 ○全体で共有する。	☆肌色のクーピーを提示する。 ☆シンガポールの教室や教職員の写真を提示する。 ☆感想シートを配布する。 ☆挙手を募るか、児童を指名する。

　多文化共生教育としての外国語（英語）の出前授業は、学生が教育実習でお世話になった公立小学校2校を含む計4校において、合計7回実践した（表5-2）。出前授業にあたっては、以後の授業研究資料として簡略版の指導案（表5-3）と児童用ワークシートを作成し、配付した。本章では、小学校5年生への授業実践（2校）を検討の対象とする[6]。

（3）　授業実践

　授業の支柱は、①シンガポールについて知る学習（異文化理解の視点）、②外国語（英語）の学習（英語表記の看板や既習の英語表現の活用）、③Harmony について認識を深める学習（多文化共生の視点）の3点である。授業は、学生たちが作成したパワーポイントスライドを使用して行われた。それぞれのセクションで担当を決め、学生がリレー形式で展開するものである。

　1つ目の「①シンガポールについて知る学習」については、研修中に学生が撮影したさまざまな写真を見せ、児童の「外国」や「異文化」への関心を喚起した。例えば、多文化を象徴する街の風景のほか、児童が身近に感じる食べ物等、簡単な英語を使いながら問いかけ、飽きさせないようクイズ形式も取り入れるなど工夫した。この部分は、主に関心喚起として「導入」の扱いとなっている。

　2つ目の「②外国語（英語）の学習」については、「外国語科」の授業時数として扱うことから、英語学習につながることを意識した。また学生たちが将来、初等外国語教育において異文化理解を扱えることをねらいとし、児童の既習事項や類推可能な範囲で Classroom English や Teacher Talk, Small Talk 等を取り入れている。具体的には、小学校5年生で扱う事項に "can" の助動詞があり既習であったため、シンガポールの罰金制度の紹介と絡めながら、"No fishing" 等の実際の看板を提示して、"I/We can't …" 等の表現の復習に結びつけた。また、"How are you ？" と聞かれて "I'm fine." と答えるときの "fine" という単語は児童の既知事項である。それを応用し、"Fine system" の "Fine" やシンガポール人が自嘲気味に用いる "Singapore is a fine country." という文を用いて[7]、1つの単語（ここでは "fine"）にも複数の意味や役割があることを、発問して児童の反応を引き出しながら伝え、英語

の面白さを教えようとの意図がある。

　展開後半からは、3つ目の「③ Harmony の認識を深める学習」に移行する。この段階は「多文化共生」のメッセージを届ける授業の中核に相当する。シンガポール社会に混在するさまざまな Harmony（建物、環境、言語、宗教、人種等の調和）について、写真を用いて説明をしていく。現代建築と伝統家屋が併設されている写真を提示して文化の Harmony を伝えたり、近代ビル群と緑化政策による街路樹が調和した写真から経済発展と環境保全との Harmony を伝えたり、また多言語の看板や多様な宗教的建造物等の写真から異なる言語や宗教の Harmony について説明をしたりし、学生たちは英語を用いて児童に問いかけながら、発信した。以下は、授業後半からまとめにかけての展開場面における学生の発話内容である。

　　○Look at this. There're many languages at school.
　　　日本では、日本語しか使わないことが多いけれど、シンガポールでは、たくさんの言葉が話されています。その人たちの言葉を大切にするために、街や学校にもたくさんの言葉で書かれたものがあるよ。

　　○Look at this. Where is this?
　　　そう、ここはシンガポールの小学校で、私たちの後ろにいるのは、学校の先生たちだよ。いろいろな服を着て、いろいろな肌の人がいて、いろいろな宗教を信じている人たちが一緒に働いているよ。

　　○Look at this picture. Where is this?
　　　そう、ここはシンガポールの小学校。私たちの前にいるのは、学校に通う子どもたちだよ。いろいろな肌の色の子どもがいるけれど、みんな同じ学校に通う小学生だよ。
　　　（色鉛筆とクーピーを出して）みなさん、これを見てください。色鉛筆のこの色のことは何色という？（――児童：肌色！）
　　　そうだね、もしかしたら「肌色」と習っているかもしれないけれど、この写真を見ると、肌の色ってどうかな？　みんな同じ？
　　　肌色はいろいろだから、この色だけが「肌色」というのは、少し違うかもしれないね。

最近は、「うすだいだい色」とか「ペールオレンジ」と呼ばれることも多くなってきています。

○Let's collect "Harmony" !!　では復習しよう！
これは、どんな Harmony があったかな？（スライドを提示）
このように、シンガポールはたくさんの Harmony が集まった国なんだね。
日本語でいうと、「調和」。Harmony がたくさんあると素敵だね。
今日ここにいる私たち学生も、育った場所とかも違うし、好きなこととかも、いろいろ違います。
みんなも友だちと違うところがあると思うんだけど、「違い」って、みんなの個性なんだよね。それがクラスの Harmony になっていったらいいよね。
クラスの友だちのいいところを見つけて、違いを認め合って学校生活を送ってくれたら、私たちもうれしいです。

　「肌色」の色鉛筆を提示した際、「肌色」と答えた児童が大半であった一方で、「うすだいだい」と別名で答える児童も散在していたのは対照的であった。「肌の色は一色じゃないよね」という学生の発言には、児童から「人種差別」というキーワードも発せられ、授業者の意図が通じたことを感得させる場面もみられた。最後のまとめの言葉に、地球市民教育の鍵概念である多様性尊重と多文化共生の願いが込められている。

（４）　児童と教師からのフィードバック
　授業後には児童に対して、外国語や異文化に関する意識を探索するアンケート調査を行い、授業の成果を検証した。「外国語についてもっと知りたいと思ったか」を５件法で尋ねたところ、函館市立北日吉小学校では平均値4.80、附属函館小学校では4.40、また「異文化についてもっと知りたいと思ったか」については、北日吉小学校では平均値4.73、附属函館小学校では4.38という結果であった。このことから、シンガポールを題材とした地球市民教育の授業には、児童の外国語や異文化に対する関心を喚起する可能性があることが示された。また、児童の記述欄には、授業者側の意図が伝わったと思われる興味深い記述もみられた（表5-4）。

表 5-4 授業者側の意図が伝わったと思われる記述例

学校名	記述内容
北日吉小学校	「シンガポールにはいろいろなハーモニーがあってすてきだなと思いました。ほかの人と違っても調和していくことが大切だと思いました」 「差別は絶対にしない」 「世界にはいろんな文化をもった人やいろんな言語で育った人がいると気づけた。他国の人でも日本人とおなじように接することが必要だと思った」
附属函館小学校	「調和という意味で意見が違ったりしても見た目が違ったりしても、自分らしさを大切にしようという意味だとわかった」 「今回の授業では、肌の色が違っても、言語が違っても、信じる宗教が違っても、同じ国に住めることがわかった」 「みんなの良さがあったり、差別なんてないと思った」 「互いに尊重し合い、共存し合うこと。だから、お互いに大切なものを守るということだと思う」 「それぞれの国で文化やルールや考え方があることがわかった。そしていろいろな人種の人が住んでいるからそれぞれ工夫されているのがすごいなと思った。ハーモニーはとても大切なことがわかった」

　また、授業を参観した学級担任からは、次のような感想が寄せられている（記述式アンケートより一部抜粋、下線は筆者による）[8]。

　● 学生さんたちの生の体験で得たことを伝えてもらい、子どもたちもとても興味をもって聞き、感じ、学ぶことができました。日本とは違う文化があることを知り、興味をもてたと思います。学生さんたちがシンガポールで気づき、学び、感動した"熱さ"が伝わってきました。また、子どもたちが考え、気づくような発問が良かったです。<u>"Harmony"は、学校生活にもつながる大切さを伝えていたのがとても良かったです。私も知らなかったことがたくさんあり、勉強になりました。</u>（函館市立北日吉小学校 5 年学級担任）

　● 実際に経験してきた話や写真などには力があるなと感じました。児童にとって貴重な学びの機会だったと感じます。<u>可能性や内容の面白さを感じることができたので、これからもこの分野における教育の発展を期待させるものがあり、勉強させていただきたいなと思いました。</u>（附属函館小学校 5 年学級担任）

　上記コメントから、地球市民育成を主眼としたこの授業は、現場の教員にとっても刺激となったと推察できる。外国を扱う授業設計の際に留意すべき点は、その国（シンガポール）自体を教えることが目的ではない、ということである。児童に一番伝えたいことは何か。授業のめあて・ゴールを明確にすることが重要である。「シンガポール」で学んだことをそれぞれが咀嚼し、解釈し、深め、教育的意味をともなった「授業」という形に落とし込むことによって、児童の日常や学校生活、今後の学習に活かせるような授業づくりに努めた結果、児童や教員から共感的理解を得られたのではないだろうか。

　地球市民教育は、いかに「当事者性」をもたせるかが成否の鍵である。それが欠落していれば、理念型のスローガンで終わってしまう。自分の問題や日々の生活に連関させて自分事として捉えられたとき、所期の目的が意味をもつ。

5.　考　　察

（1）　学生の学びと変容

　シンガポール研修を機に、学生たちに変化が現れ始めた。それぞれが自己と対峙し自身の夢を改めて見つめ直し、叶える行動を開始していったのである。ここでは、一人の学生 A を例に、その軌跡を具体的に記してみたい。以下は、約一年間のゼミ活動を終えた 2023 年 2 月に本人から提出されたレポートの一部である。

　　この 1 年は、私にとって大きく成長できた年だったと感じた。そのきっかけとなったのは、地球市民をベースにした「国際理解教育」「異文化理解」の学びである。ゼミが始まった 4 月当初、世界と繋がるためには英語があればよい、と単純に考え、子どもたちが英語を話せるようになることが最も重要だと考えていた。しかし "Global Citizenship"（地球市民）教育をとおして得た知識により、遠い存在であった「世界」が私たちの身近な生活に存在する「世界」であることに気づくことができた。

　　日本では、日本人というアイデンティを狭く捉えてしまうことが多く、違いが

素晴らしいという多様性に気づきにくい。（中略）しかし、多文化共生、異文化理解という視点を知ったことで、日常生活でも多くの人と理解を図ろうとする姿勢がより自然に身についた。

　その認識を深めた経験として、ゼミの「シンガポール研修」が挙げられる。現地の小・中学校の様子や先生たちとの対談が、ただの見学ではなく自分の考えをより深めるものになった。「シンガポールに行く」こと自体を目的にしてしまうと、ただの観光、いい思い出になってしまうが、事前研修でさまざまなことを学び、シンガポールに行った先の「これからの教育に生かしたい」という目標をもつと、研修意欲が大きく変わると実感した。

　実際、2022年9月に行ったシンガポール研修を終え、11・12月には8・9月におこなった小学校実習の実習校3校、附属中学校を合わせて4校で7つの出前授業をおこなった。シンガポールを例として多文化共生について伝えるとともに、半年間で学んだ地球市民教育をふまえながら、わかりやすく興味をもってもらえるような話題を設定して、授業をおこなった。児童生徒にとっても、新鮮な授業となったようだった。私は、どうしたら異文化理解の大切さや視点を感じてもらえるか、興味をもって自分たちで学び続けられるような面白さを伝えられるかを考え、伝えたい内容は同じでも、発達年齢に合わせて授業を作らなければならない難しさも感じた。しかし、授業者が「面白い」「楽しい」と感じながら授業をすることで、言葉でうまく言い表すことができなくても子どもたちに伝わるということを肌で感じた。これから自分自身の知識を増やし、経験を積んで自分自身が教材になるぐらい、人として深みのある人間になりたいと思った。

（中略）

　今年は、私たちの研究や経験をもとに地域貢献を志し、多くの出前授業を実践してきたが、課題も挙げられた。しかし、私自身が回数を重ねるごとに、単に「伝えたい」という気持ちから、「どうしたらより興味をもってもらえるか」「どうしたらさらに学びたいと思ってもらえるか」という相手の視点に立って物事を考えられるように変わった。私は、この1年で多くのことを学び、留学という夢も決断することができたし、同じように新たなことに挑戦するゼミ生もそばにいる。人を成長させることのできる地球市民教育の可能性を信じ、さらに研究を重ね、外国語教育だけにとどまることなく、人を教育する立場になるために、人として成長し続け、児童生徒にも影響を与えられるような存在になりたいと思う。

　上記から、段階を経て学生自身が知識・理解を深め、自己自身の視野を形成し、地球市民として、そして未来の教師としての自覚や認識を向上していく姿が看取される。認識の変容や人格の発達の契機となる機会を戦略的に設け、学生の成長を促す教育的営為を継続する努力を傾注する重要性が再確認される。

（2）　学習と体験の循環

　以上、地球市民育成を目指したゼミ活動と外国語出前授業の実践を省察しつつ、学生の成長に着目しながら諸活動の意義について検討してきた。その結果、知識や情報のインプット、思考をともなうインテイク、そして出前授業を中心とするアウトプット ―― という３段階の連動性とその循環が教育効果を生み出し、地球市民性の涵養を促進させる可能性があることが明らかとなった。

　知識や情報としてインプットしたこと（授業やゼミでの学習等）を、自らの課題解決の必要性や知的関心等（シンガポール研修での見聞や事後の出前授業構想等）を起点に、省察したり理解を深めようと能動的に動いたりするインテイクへと前進し、地域の学校における授業実践（地域貢献活動・学習体験の教育活動への具現化）としてアウトプットする。そして、それが有効に機能したかを振り返り、点検し、修正し、また経験と反省をともなった新たなインプットへと還流する。その一連のプロセスが、学生自身の地球市民性をさらに向

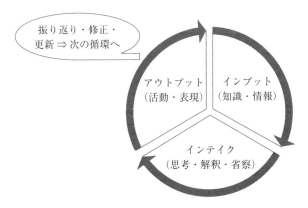

図 5-2　インプットから始まる還流

上させていく。学生が紡ぐ率直な言葉は、その証左となろう。教員を志す学生が、ローカルからグローバルまでさまざまな段階において、学習経験を蓄積しそれを地域貢献に活かそうとする営みは、学びの還流をともない、未来の地球市民教育への発展につながっていく。

おわりに

　未来志向という特質を有する地球市民教育は、人を勇気づけ人生を前向きにさせる力を秘めている。上述のAは、2023年3月には大学主催の短期海外研修にも参加し、留学という夢を実現させた。帰国後の報告書には、「シンガポール研修で衝撃を受け、世界を見ること・日本から離れて学ぶことで得られる価値を実感した」と留学のきっかけを述懐している。このことからも、時機を捉えた教育の機会提供と継続的な教育活動の重要性が示唆される。

　本章で検討してきたように、一つの契機から新たな学びは連動的に生起し、実践や実体験をともないながらつながり、発展していく。本章では、個別事象の具体を披歴したが、コロナ禍の海外研修を土台として出前授業の経験を重ねて以降、波及はゼミ全体にも及んでいる。例えば、小学校教員として開発途上国で国際教育協力の道へ進むゼミ生（2024年度JICA海外協力隊マダガスカル派遣・小学校教員）など、それぞれ新たな物語が誕生している。

　2023年度は上述した前年度の諸活動に加え、学生が本校の留学生と共に創る地球市民教育と外国語の授業を基盤とし、新たな地域貢献型プロジェクトを展開した。この新規フェーズについては、別の機会に譲ることとする。

注
1)　これらの活動は、国際地域学科の特色「国際的な視野と教育マインドをもち、豊かなコミュニケーション能力を発揮しながら、地域を活性化できる人材」の育成にも符合する。
2)　この点は、グローバル化・多様化が進展する今日の外国語教育を検討するうえで、留意すべき事項である。3F（食べ物・服装・お祭り）に代表される表層的な異文化理解やステレオタイプの形成につながりかねない文化の一側面の誇張ではなく、日常生活に活かされる気づ

きや多様性を尊重する姿勢を育んだり、人や社会に貢献できる生き方を模索させたりするような仕掛けが大切である。

3)　シンガポール国立大学のタン・レンレン氏を函館校に招き、特別講演会の開催とゼミ生との交流会が実現し（2022年6月6日）、学びを深めた。

4)　例えば、札幌市は学校教育の重点基盤として「人権尊重の教育」を掲げ、その推進において大切にしたい学校観として、「みんな違う」を原点として多様性を認め合う学校の実現によって、子どもの相互承認の感度が醸成されていくことを指摘している（札幌市教育委員会2023）。また、函館市の2023（令和5）年度教育行政執行方針の一つ「変化する社会を生きる力の育成」の中には、「児童生徒一人ひとりが、自分を大切にするとともに、多様性を認め合い他者を尊重することができる」という文言がある（函館市 2023）。

5)　本指導案はゼミ活動の中で学生と指導教員（筆者）の協議により協働的に構想・作成した後に、学生がまとめたものである。

6)　本授業の検討部分については、石森広美（2023b）「多文化共生の視点に基づく小学校外国語の授業デザインと実践」『東北英語教育学会』43、128-143ページをもとにしている。

7)　"Singapore is a fine country." は、「シンガポールは罰金王国である」と「シンガポールは素晴らしい国だ」のダブルミーニングを有している。

8)　両校の教諭より児童の感想を含めて本章への文章の記載内容について、了承をいただいていることを付記する。

引用・参考文献

石森広美（2009）「シンガポールの教育のユニークネス」『シンガポール都市論』勉誠出版、76-86ページ。

石森広美（2013）『グローバル教育の授業設計とアセスメント』学事出版。

石森広美（2019）『「生きる力」を育てるグローバル教育の実践』明石書店。

石森広美（2023a）「『教育』を軸とした海外研修の意義：教員養成課程学生のケーススタディ」『北海道教育大学紀要（教育臨床研究編）』第74巻第1号、1-16ページ。

石森広美（2023b）「多文化共生の視点に基づく小学校外国語の授業デザインと実践」『東北英語教育学会』43、128-143ページ。

海谷千波（2018）「学校教育における『異文化コミュニケーション教育』［再］体系化の試み」『杏林大学教職課程年報』5、5-19ページ。

加賀田哲也（2021）「小学校教育の目的と理念」『「深い学び」を促す小学校英語授業の進め方』教育出版、2-7ページ。

田嶋英治（2019）「小学校外国語活動・外国語のための授業開発と指導方法」『高等教育開発センターフォーラム』7、1-14ページ。

多田孝志（2020）「新たな時代の到来と教員養成の課題」多田孝志・米澤利明編著『新時代の教職入門』北國新聞社、8-13ページ。

鳥飼玖美子（2018）『英語教育の危機』ちくま新書。

Byram, M.（2008）*From Foreign Language Education to Education for Intercultural Citizenship*. Multilingual Matters.

Byram, M.（2021）*Teaching and Assessing Intercultural Communicative Competence: Revisited*. Multilingual Matters.

Ishimori, H.（2018）"Pedagogical Implication of Experiential Learning: From a Perspective of Global Education,"『国際教育』24, 1-17.

Ishimori, H.（2023）"Developing Intercultural Communicative Competence in a Teacher Training Course: Case Study of Factors That Impact Learning,"『グローバル教育』25, 19-37.

Jackson, J.（2020）*Introducing Language and Intercultural Communication*. New York: Routledge.

Oxfam（2006）*Education for Global Citizenship A Guide for Schools*.

OECD（2019）*OECD Learning Compass 2030*.

UNESCO（201"4）*Global Citizenship Education: Preparing learners for the challenges of the 21st century*.

Webサイト

札幌市教育委員会（2023）「令和5年度 札幌市学校教育の重点」、05_jyuten_full.pdf、2023年10月29日アクセス。

函館市（2023）「令和5年度 教育行政執行方針」、https://www.city.hakodate.hokkaido.jp/docs/2023060600018/、2023年10月29日アクセス。

文部科学省中央教育審議会（2016）「幼稚園、小学校、中学校、高等学校及び特別支援学校の学習指導要領等の改善及び必要な方策等について（答申）」、https://www.mext.go.jp/b_menu/shingi/chukyo/chukyo0/toushin/__icsFiles/afieldfile/2017/01/10/1380902_0.pdf mext.go.jp、2023年10月29日アクセス。

文部科学省（2017）「参考資料3　教員養成・研修　外国語（英語）コア・カリキュラムダイジェスト版」、https://www2.u-gakugei.ac.jp/~estudy/wp-content/uploads/2017/03/digest.pdf、2023年10月29日アクセス。

UNESCO（2021）Reimagining our futures together: a new social contract for education、https://unesdoc.unesco.org/ark:/48223/pf0000379381、2023年10月29日アクセス。

謝辞

　出前授業の構想と実践、および本研究に協力してくれたゼミ生に謝意を表します。また、実践の場を提供してくださった学校、および調査にご協力いただいた先生方に厚く御礼申し上げます。

コラム5 じゃんけんから広がる世界

　日本人は「じゃんけん」が大好きである。老若男女問わずさまざまな場で、この手遊びゲームの一種である「じゃんけん」が使われている。「じゃんけんぽん！」の掛け声で、「グー」か「チョキ」か「パー」を出す。本コラムでは、グローバルな視点から「じゃんけん」を取り上げてみたい。

　「グー」は握りこぶしで岩（Rock）を表し、「チョキ」は指を2本立ててVの字を作りピースサインのように広げた形でハサミ（Scissors）を表現し、「パー」は平らな手で紙（Paper）を表す。グーはチョキに勝ち、チョキはパーに勝ち、パーはグーに勝つという非常にシンプルなこのルールは、いつでもどこでも楽しむことができる。

　子どもたちは日常の中で頻繁にじゃんけんをし、勝敗を楽しむだけではなく、何かの順番や役割を決めたりする。大人もじゃんけんをする。テレビの朝のニュース番組でさえ、ニュースキャスターが視聴者とじゃんけんをするコーナーがあるほど、じゃんけんは人気がある。

　学校生活においてもじゃんけんがあふれている。クラスの役割や係、委員会決め、掃除当番の分担決め、何かをするときに複数の児童・生徒が希望した際は、じゃんけんで勝者が権利を得る、など枚挙に暇がない。親しまれる理由としては、単純明快で簡単であることや、特定の戦術やスキルを必要とせずランダム性があることに加えて、「平等性」があるためだと考える。学校での担任時代、生徒たちは日々の教室掃除の最後の「ごみ捨て」をよくじゃんけんで決めていた。思いどおりにならなくても、「じゃんけんで負けたから仕方ない」と納得しあきらめる。勝利の確率は皆に平等にあるため、じゃんけんによる決定ではお互いに文句は出ないようである。他方、あらゆる決定を安易にじゃんけんに委ねようとする傾向もあったため、グループ学習などで役割を決めさせる場合は、授業展開の意図や教育効果を鑑みて、「じゃんけんではなく話し合いで決めるように」と状況によって指示を出すこともよくあった。いずれにせよ、じゃんけんは手軽で便利で楽しいツールとして機能している。

　以上のように日本にはじゃんけんが根付いており、大衆文化としての地位を確立しているが、諸外国ではどうだろうか。日本が発祥であるとされるじゃんけんは国境を越えて拡大し、世界各地に存在する。アメリカ、英国等の英語圏では"rock, paper, scissors"という順序が一般的である。日本における外国語（英語）活動で教えられる「英語」によるじゃんけんの掛け声は、

"Rock, scissors, paper." と、両者ではチョキとパーを出す順序が異なっている。しかも、手を出すタイミングの前に "one, two, three" が付加される。

　宮城県の小学校英語専科である伊藤教諭（20代）によると、自分自身が小学校時代に "Rock, scissors, paper, one, two, three." と習っていたためそれが染みついていたが、アメリカ出身の ALT と授業を組むようになったとき、"Rock, paper, scissors, one, two, three." と scissors と paper の順序が入れ替わったため、慣れるのに時間がかかったそうである。またアメリカでは、"one, two, three" ではなく、一般には "Rock, paper, scissors, shoot!" や "Rock, paper, scissors, go!" と言う。日本の実情に合わせて、末尾は "one, two, three" に変えたようである。

　最近までシンガポール日本人学校での教育経験がある北海道函館市内小学校の阿保教諭（30代）は、次のように語る。「学校では "Rock, scissors, paper, one, two, three." と教えていました。シンガポールの日本人学校でも同様にじゃんけんをしていましたが、ハーフのお子さんの中には "Rock, paper, scissors, shoot!" という児童がいて、新鮮でした」。

　神奈川県の小学校に10年以上務めるシンガポール出身の ALT は、"Rock, scissors, paper, one, two, three." は日本独特の英語表現だと語る。シンガポールでは英語圏同様、"rock, paper, scissors" の順序で行うのが一般的だが、"scissors, paper, stone" も用いられるという。"rock, scissors, paper" は日本の「グー・チョキ・パー」に準じており発声しやすいため、英語表現においてもこれが適用されたのではないかと分析する。

　この点に関して、道南の知内小学校で英語専科を務める中島教諭（50代）から貴重な情報（テキストと音声および動画を含む）を入手した。小学校外国語活動が高学年を対象に正式に開始されたのは2011年であり、その際に文部科学省作成教材『Hi, Friends!1・2』が配布された。『Hi, Friends!』1の Lesson 3 "How many?" という単元に、音声とスクリプト付で "Rock, scissors, paper, one, two, three." と紹介されているのである。さらに、小学校外国語の早期化・教科化への移行期である2018〜2019年、そして2020年の完全実施以降でも使用されている小学校3, 4年生外国語活動の教材『Let's Try!』においても、『Let's Try!』1の Unit 3で英語のじゃんけんが登場し、やはり、"Rock, scissors, paper, one, two, three." と動画で紹介されているのである。同じく、奈良市の小学校英語専科である中教諭（40代）からも情報提供があり、「自分がどのように習ったのか記憶はありませんが、テキストどおり "Rock, scissors, paper, one, two, three." と全学年で統一して指導して

います」と語る。以上を勘案すると、日本において外国語活動が始動した時期からそのように教えられ、引き継がれてきたと推察される。

　最後に添加される "one, two, three" はどのように解釈すべきなのだろうか。数字表現の導入とも捉えられるが、現場の教員は次のような評価をしている。「低学年児童にとってもタイミングが取りやすいことから、"one, two, three" が心地良いです」（神奈川県小学校英語教員・30 代）、「one, two, three と付け加えないと出すタイミングが合わせられないため、便宜上付け加えたと思います」（山梨県小学校英語教員・50 代）、「"one, two, three" の掛け声がある方がどの子も言いやすいです。ゆっくりタイプの子どもでも安心してじゃんけんができます」（岩手県小学校英語教員・50 代）。なお、上述の 3 年生のテキストでは、日本のじゃんけんは「ぐーちょきぱー、じゃんけんぽん」と動画で紹介されている。確かに、「じゃんけんぽん」と "one, two, three" はリズム感が合い、手を出しやすい。日本の小学校英語教材には明示的に描かれているが、実践上の取り組みやすさもあって浸透し、日本の英語じゃんけんとして定着したのかもしれない。

　上記を裏付ける事例として注目されたのは、筆者が担当する大学の地域プロジェクトで学生たちが近隣の小学校において英語活動を実践した際、子どもたちにじゃんけんを "Rock, scissors, paper, one, two, three." と教えていたときである。英語のネイティブは、"rock, paper, scissors" の順で言うことが多いため、尋ねてみた。すると、この活動に従事していた 6 名の学生（北海道・東北出身）は、全員が小学校時代に外国語活動で "Rock, scissors, paper, one, two, three." と習ったというのである。当該学生が小学校高学年だった時期は 2014 ～ 2015 年であり、2011 年以降高学年で必須化した外国語活動期間および『Hi, Friends！』の使用期間に合致する。当時からそのように教えられていた証左である。

　また、じゃんけんは国際理解の教材としても活用可能である。先述したシンガポール出身の ALT はチャイニーズシンガポール人（現地では「華人」という）であるため、日本の小学校でも子どもたちに中国語のじゃんけんも教えている。「石头・剪刀・布」(shítou jiǎndāo bù) と言う（「石头」は「石」、「剪刀」は「ハサミ」であるが、「布」は「紙」ではなく文字どおり「布」を意味する）。授業の最後は外国語のじゃんけんというルーティンがあり、英語・中国語・タガログ語（フィリピノ語）を子どもたちに選ばせてじゃんけんをする。筆者が授業見学をした際にも、子どもたちは流暢な中国語でじゃんけんをしていたのが印象的であった。多言語に触れ、英語以外の外国語の

音声に親しむという意味でも意義がある。なお、フィリピンでは「じゃんけん」のことを "Janken" と呼ぶのも面白い。フィリピンのじゃんけんは公用語である英語も用いられるが、タガログ語（フィリピノ語）で "Bato, bato, pick." というのが主流で、"bato" は "rock" を意味するが、pick は文字どおり英語である。筆者の友人である仙台市に勤務するフィリピン出身の ALT も「由来はわからない」としつつも、自分の子どもに "Bato, bato, pick." と教えている。異なる言語が混在している点が独特で興味深い。

　日本・中国・韓国・スペイン・アメリカ等、世界のじゃんけんが英語教材でも紹介されているが、各国や地方によってバリエーションが豊富であり、意外に奥深い。国際理解または多言語教育の素材として取り上げてみると、児童も好奇心をもって異文化に触れることができるだろう。

　本コラムの執筆にあたり、筆者と交流のある現職の小学校英語教育担当教員や ALT の方がたとコミュニケーションをとる過程で、じゃんけんについて「前から気になっていた」「知りたい」「面白い」等、関心が寄せられた。やはり、「じゃんけん」は人気のようである。ご協力をいただいた先生方に、謝意を表したい。

注
1)　日本のじゃんけんの掛け声もこれだけではなく、地域や個人によって多様である。
2)　お隣の韓国のじゃんけんは、「가위바위보（カウィ・バウィ・ボ）」であり、「ハサミ」「石」「布」であり、「紙」ではなく「布（風呂敷)」となっている点は中国語と共通している。

（石森　広美）

第 **6** 章

知的障害者を対象とした自己選択・自己決定に基づく余暇活動支援の可能性

細谷　一博／大岩　みやび

は じ め に

　「余暇」とは個人が職場や家庭、社会から課せられた義務から解放されたときに、休息のため、気晴らしのため、あるいは利得とは無関係な知識や能力の養成、自発的な社会的参加、自由な想像力のために、まったく随意に行う活動の総体である（デュマズディエ 1980）。このような「余暇」は、生活の質（QOL：Quality of Life）の構成要素の中核指標の一つに位置づけられており（シャーロック 2000）、余暇を充実することは、すべての人にとって、生活の質の向上に欠かすことができない。なかでも知的障害児者の余暇活動は、生活の質の向上に加えて、自立生活の側面からもその重要性が指摘されている。服部（2002）は、自立生活にとって余暇活動は欠かすことができないとして、地域における余暇支援の必要性を指摘している。また、鈴木（2006）は、充実した自由時間を過ごすための余暇活動は、単なる娯楽の提供ではなく、自立のための取り組みに位置づけられていることを指摘している。これらの指摘から、知的障害児者にとって余暇を充実させることは、生活の質の向上に加えて、地域生活における自立につながることがわかる。

　わが国における障害のある児童生徒への余暇支援については、2002 年の完全学校週 5 日制実施を契機にその必要性が指摘されるようになった。とくに知

的障害児者の放課後や休日の過ごし方に関する課題として、細谷（2007）は、テレビや散歩といった特定の余暇に集中していたり、余暇活動の選択肢が少なかったりと、余暇を過ごす活動内容が限定されていることを指摘している。また、栗林ら（2018）は、特別支援学校を卒業した知的障害者の保護者を対象に、就労・生活・余暇の視点から実態調査を行った結果、余暇において困難があると回答した保護者が55.3パーセント（％）であり、具体的な困難事例としては、「活動のレパートリーが少ない（81%）」「一緒に過ごす相手がいない（76.2%）」などを報告している。さらに、郷間ら（2007）は、通所授産施設に通所する在宅の知的障害者を対象に余暇生活に関する調査を行った結果、余暇活動そのものは充実してきているものの、外出はほとんどが家族と共に行われており、友人や仲間との外出が少ないことを報告している。そのため今後は、友だちや仲間を見つけて余暇活動を共に行う中で、余暇活動の知識や技術を向上させていく必要があることを指摘している。

　以上のことから、知的障害児者が地域で自立した生活を送るうえでは、「誰と？」「どのように？」余暇を過ごすかが重要な課題であって、家族以外の仲間同士で過ごすための方法の検討が必要であることがわかる。

　生活の質の向上や社会的自立に共通して重要とされる要素の一つに、「自己決定」が挙げられる。自己決定の定義について、Deci & Ryan（1985）は、「選択し、それらの選択が自分の行動の決定要因となる能力」としている。また、今枝・菅野（2019）は「自ら複数の選択肢から選択肢を選択すること」とした。これらの指摘から、自己選択・自己決定とは、自らに関する行動を自ら選択・決定する能力や行為であるといえる。与那嶺（2009）は知的障害のある人の自己決定という行為を促進することが生活の質の向上につながる可能性について、研究者の中でも一定の合意が得られていることを報告している。また、「自己決定」と「自立」の関係について、京極（2008）は、障害のある人の「自立」が成り立つ重要な条件の一つに自己決定や自己選択があるとしている。さらに西村（2005）は、自己決定は障害者が地域で自立して暮らすという自立生活の前提条件としてあるとしている。

　以上のことから、生活の質の向上や社会自立において自己決定が重要な役

割を果たしていることを鑑みれば、知的障害児者の自立生活の実現に向けて余暇を充実させるためには、当事者本人による自己選択・自己決定の機会が必要であることがわかる。知的障害児者の自己選択・自己決定について、遠藤（2016）は、自己決定とは他者の関与や環境との関係も含めた行為であり、他者の関与が支援という形でより必要となる点が、知的障害当事者の自己決定の特徴であると述べている。

　知的障害児者本人の意思に基づいた余暇支援が十分に行われているとは言い難い現状（水内 2010；南条・新沼 2009）を踏まえ、主体性や自己決定そのものに困難があるとされる知的障害児者に対しては自己決定を支援することが求められており（小笠原・菅野 2015）、自己決定場面において視覚的に整理する選択肢属性行列（以下：マトリックス表）の有効性が報告されている（今枝・菅野 2019）。

　そこで本研究では、知的障害者を対象に、マトリックス表を活用した選択の機会を提供し、自ら余暇活動を計画・実行するための支援者（本章ではとくに中心となる支援者）の役割と今後の課題について検討することを目的とする。なお、本研究における「自ら余暇活動を計画・実行する」とは、余暇活動を実施する「場所」を自分たちで決定し実行することと定義する。また、本研究における支援者は 3 名いることから、本文中では支援者の表記を本研究における中心となる支援者（MT：Main Teacher）と対象者の活動を支援する支援者（支援者）を区別して表記した。

1. 方　　法

（1）　対象者

　X 市内に在住している知的障害者 3 名（A 氏、B 氏、C 氏）である。3 名は筆者らが主催しているスペシャルオリンピックス日本・北海道（以下、SON 北海道と示す）の活動に参加している。本研究に参加するうえで集合場所への送迎など、保護者の協力を得られると筆者らが判断して、この 3 名を抽出し協力

を依頼した。A 氏（男、24 歳）は、指示や説明の内容をおおむね理解し、自分で判断したり、他者に意見を述べたりすることができる。その一方、周囲のことを気にし過ぎたり、思考の整理や判断に時間を要したりする。B 氏（男、23歳）は、簡単な指示や説明であればおおむね理解できるが、選択場面や自分の意志を伝える場面では、他者に合わせることが多い。C 氏（男、19 歳）は、簡単な指示や説明はおおむね理解することができるが、周囲の意見に流されやすく、自分の意志で判断する様子はあまり見られない。なお、支援者は第 2 筆者と特別支援教育を専攻している学生 2 名を加えた合計 3 名とし、いずれも SON 北海道の活動に参加しており、対象者と活動を共にしている。また、対象者 3 名ともスマートフォンを所持しているが、A 氏はスマートフォンを使用して、調べることができるのに対して、B 氏と C 氏は調べることが困難である。

　本研究の実施にあたり、対象者 3 名の保護者に対して、研究の主旨および実施方法、研究成果の発信方法、研究参加者の個人情報の保護、研究参加への同意を撤回することの自由について口頭で説明し、同意書の提出を受けて開始した。なお本研究は、北海道教育大学の研究倫理委員会の承認を得ている（承認番号：2021062003）。

（2）方　法

　202×年 7 月から 10 月までの月 1 回の活動とし、計画立案と振り返りは、すべて H 大学の一室で実施し、計画実行は X 市内とした。実践の流れを表 6-1

表 6-1　本実践の流れ

回		実施月	計画立案	計画実行	振り返り
実践 1 （#1）	7 月	1 週目	○		○
		1 週目＋1 週		○	○
実践 2 （#2）	8 月	1 週目	○		○
		1 週目＋1 週		○	○
実践 3 （#3）	9 月	1 週目	○		○
		1 週目＋1 週		○	○
実践 4 （#4）	10 月	1 週目	○		○
		1 週目＋1 週		○	○

に示す。1週目の計画立案では、マトリックス表を用いた選択肢による情報整理やメンバー同士での話し合いなどにより、計画を立案し、その翌週には計画した余暇活動を支援者と共に実行する流れで行った。

（ア）　計画立案および外出先決定の具体的な方法

計画立案の方法として、①外出先の候補地選び（3名がそれぞれに、自分の行きたいところを自由に発言）、②情報調べ（候補地までの移動手段や必要経費、時間などに関する情報を調査し、マトリックス表に記入、表6-2）、③全体共有（マトリックス表を見て各場所の比較）、④決定（話し合いや多数決により外出先の決定）、⑤当日のスケジュールや持ち物の確認（集合時間や場所などをあらかじめ用意した連絡シートに記入）、⑥今日の振り返り（本日の活動への参加についての自己評価）の6段階の手続きで実施した。

なお、A氏は自分のスマートフォンで候補地に関する情報を調べることができるが、他の2名は支援者と共にパソコンを使用して候補地に関する情報を収集した。また、候補地となった場所については、支援者がその場で情報を印刷し、紙媒体での補足の資料も準備した。1回目と2回目は自分の行きたい場所について自由に調べ、外出先に関する情報をマトリックス表に記入し、表に書かれた情報を比較しながら、最終的に行きたい場所を多数決で決定した。3

表6-2　情報を整理するためのマトリックス表

活動／ポイント	対象者名①			対象者名②			対象者名③		
行く場所									
行き方	あるく	バス	しでん・JR	あるく	バス	しでん・JR	あるく	バス	しでん・JR
	イラスト	イラスト	イラスト	イラスト	イラスト	イラスト	イラスト	イラスト	イラスト
移動時間									
かかるお金									

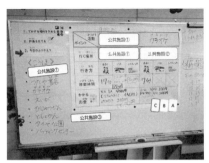

写真 6-1　第 1 回目で使用した
マトリックス

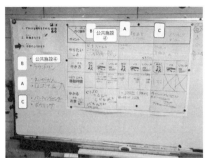

写真 6-2　第 2 回目で使用した
マトリックス

回目はすでに調べてある外出先以外を調べることとし、候補地の中から 3 回目と 4 回目の外出先を決定した。決定方法についても、自分たちで意見を出し合い、「あみだくじ」「投票」などの方法を用いて決定した。

　実際に使用したマトリックス表への記入の様子を写真 6-1（第 1 回目）、写真 6-2（第 2 回目）に示す。なお、写真中には対象者の顔写真および氏名が写真カードとして掲載されていること、また実際の施設名が記載されていることから、これら 2 枚は修正を加えたものである。

（イ）　評価方法

　本研究では、①計画と実行の活動実施後の対象者本人による自己評価、②支援者による他者評価、③中心となる支援者の発話を分類の 3 つの観点から実施した。①本人による自己評価では、活動の振り返りをインタビュー形式で実施し、活動に対する満足度を 5 段階で評価するとともに、その理由や次回に向けた意気込みなどについて、感想を聴取した。とくに計画実行後の振り返りでは、活動時の写真や動画を見ながら振り返りを行った。②支援者による他者評価は、「活動に対する意欲」「活動への積極性」「他児との関わり」の 3 観点に基づき 5 段階で評価を実施した。③中心となる支援者の発話を分類する際は具体的な支援内容を分析するため、計画立案時における支援者（MT）の発話内容を VTR 記録からすべての発話を文字に書きだした後に分類した。発話のカテゴリーは岸・野嶋（2006）、片山・星川（2021）、米田・西川（2021）を参

表6-3　中心となる支援者（MT）の発話カテゴリーと定義

カテゴリー	定　義
○説明	・言葉の意味や事実、活動などの説明（内容の補足説明）
○質問・話題提示	・問いを投げかけ発言権を与え、賛否の意思を問う ・話し合いで取り上げる問題や話題を提示する
○要求・確認	・行動や活動参加を要求する ・参加者の発言や前に出た話題について問い返したり、繰り返し伝える
○提案・感想	・話し合いの話題に対し意見を提案したり、感想を述べる
○受容・肯定	・参加者の発話や反応を受け入れる ・参加者の発言内容や行動に対する肯定的な評価（相づち・賞賛・お礼など）
○雑談	・活動や話し合いに関係ない話題、独り言
○その他	・上記カテゴリー以外の発話

考に設定し、支援者3名が個別に分類を行い、判定が不一致だったものについては協議により最終決定した。本研究で採用したカテゴリーの定義を表6-3に示す。

2.　結果と考察

（1）　活動実施後の対象者本人による自己評価と支援者による他者評価

　対象者本人による自己評価と支援者による他者評価の結果を表6-4に示す。なお、自己評価は「今日の計画立案／外出活動にどのくらい満足していますか」の問いに対して5段階評定法を用いて評価を実施した。

（ア）　実践1における自己評価と他者評価

　実践1において、A氏は中心となる支援者の話を真剣に聞こうとする姿や自ら積極的に手を挙げて候補地を提案するなどの姿が見られた。また、B氏は個別の補足説明や質問を行うことにより、自分の意見を発言したり、候補地の調べ学習に取り組んだりすることができていた。さらにC氏は他者の発言に対して否定的な反応をしたり、自ら発言することをためらったりする様子が見

表6-4　活動実施後の自己評価と支援者による他者評価

対象者			#1 立案	#1 実行	#2 立案	#2 実行	#3 立案	#3 実行	#4 立案	#4 実行
A氏	自己評価[※1]		5	5	5	5	5	5	5	5
	他者評価[※2]	意欲	5	5	5	4	5	5	5	5
		積極性	5	4	5	5	5	5	4	5
		他者との関わり	3	5	4	3	5	5	5	5
B氏	自己評価		5	5	5	5	5	5	5	5
	他者評価	意欲	3	4	3	4	4	5	3	5
		積極性	3	4	4	4	4	5	3	5
		他者との関わり	3	3	4	2	4	5	5	5
C氏	自己評価		5	4	5	4	5	5	5	5
	他者評価	意欲	4	5	3	4	3	4	4	5
		積極性	5	4	4	5	5	5	4	5
		他者との関わり	3	3	4	3	4	5	5	5

※1：自己評価基準　5：とても満足、4：やや満足、3：どちらともいえない、2：あまり
　　満足していない、1：全く満足していない
※2：他者評価基準　5：とても見られる、4：やや見られる、3：どちらともいえない、
　　2：あまり見られない、1：全く見られない

られたが、活動時間の経過とともに、次第に自分の意見を発言することができるようになった。その結果、全員が「とても満足している」と評価した。翌週に実施した計画実行では、H大学から徒歩で移動できる観光地に出かけた。戻ってきてからの振り返りでは、C氏を除く2名は「とても満足」と評価しており、実際の様子でも自分たちで計画したことを話しながら、楽しそうに活動をしている様子が見られた。C氏は「やや満足」と評価しており、聞き取りの中でも「楽しさは『5』だけど、ふつうだった」と述べていた。

　これらの様子は、他者評価からも明らかであり、A氏は活動に対する意欲や積極性で高い評価を得ていた。しかし、B氏やC氏は、A氏の意見に合わせる場面が多く見られた。とくにB氏については、その傾向が顕著に見られ、自分が調べている最中でも、他者の意見が出ると「それでいいでしょ」と言いながら取り組んでいる様子が多く見られた。また、他者との関わりにおいては、立案段階では3名とも「どちらでもない」と評価されていたが、個別に調

べ学習を実施していたため、関わる機会を設定することができなかったことが原因と考えられる。また、実行段階でも「他者との関わり」の評価は分かれ、A氏は積極的に他者に話しかける場面が見られたが、B氏やC氏においては、支援者と関わる姿が多く見られた。

（イ）実践2における自己評価と他者評価

実践2の計画立案では、3名が積極的に発言をする様子が見られ、前回同様にマトリックス表を用いて候補地の情報を整理した。その結果、計画立案の自己評価では、全員が「とても満足」と評価していた。しかしながら、中心となる支援者が3名の意思を問うと、A氏の判断に合わせる様子が多く見られた。翌週の計画実行では、映画館に行くため、公共の交通機関を利用して移動したが、自分たちで計画して、見たい映画を見に行くことができた。その結果、振り返りでは、C氏を除く2名は「とても満足」と評価していたが、C氏は「やや満足」と評価しており、聞き取りの中でも「みんなで見たい映画は見られたが、めっちゃ満足というほどではない。けど結構いい感じ」と述べていた。

他者評価においても、「意欲」や「積極性」は「やや見られる」と評価されていたが、「他者との関わり」においては、行き先が映画館であったことも考えられるが、実際の往復においても、支援者と関わる姿が多く見られ、一緒に行動している友だちと関わる姿はあまり見られず、低い評価であった。

（ウ）実践3における自己評価と他者評価

実践3の計画立案において、A氏は自らみんなで楽しめそうな情報を調べはじめ、主体的にみんなで余暇を展開させようとする姿が見られた。また、マトリックス表に記載された移動時間や必要経費などの情報を見比べて、「バスの方が早く着くから」と他者に対して提案する様子が見られた。その様子を見て、B氏やC氏も「ほんとうだ」と発言するなど、A氏の意見に納得している姿が見られた。また、B氏やC氏も「ソフトクリームを食べるのが楽しみ」「ファッションのお店が楽しみ」など、外出先に対する期待が持てている言動が見られ、3名全員が「とても満足」と評価していた。計画実行では、公共の交通機関を利用して観光地に出かけたが、「ソフトクリームがおいしかった」「欲しい物を見つけることができた」「急いで走ってバスに間に合ってよかっ

た」など、自分たちで計画したものを実行しようとする姿が見られ、3名全員が「とても満足」と評価していた。

　他者評価においても、A氏は外出先で支援者に判断を求めるよりも自分たちで相談をしている姿が見られたことや、B氏はバスの中で歌当てクイズをみんなでやることを提案したり、C氏は指差しをしながら他の2名に教えていたりしている場面などが観察されたことから、3名ともに高い評価が得られた。

　（エ）　実践4における自己評価と他者評価

　実践4の計画立案では、A氏は「考えながらいろいろと調べることができた」「やりたいことを見つけることができた」、B氏は「タブレットで調べたことを頑張った」、C氏は「公園やバスの時間の調べ学習を頑張った」と述べており、3名ともに「とても満足」と評価していた。

　また、翌週の計画実行においても、公共の交通機関を利用して観光地に出かけたが、3名ともに「とても満足」と評価しており、「インスタ映えのスポットで3人で写真が撮れた」「みんなでアトラクションに乗って、いい景色を見ることができた」など、仲間との関わりの中で活動を実施している様子が見られた。

　他者評価においても、行き先や何に乗りたいかなど、事前に調べた情報を振り返りながら話し合ったり、公共の交通機関で3名並んで座って談笑をしたりする様子が見られた。また、帰りの途中で「何が楽しかった」と3名で話すなどの姿が見られ、他者評価でも「意欲、積極性、他者との関わり」の3観点でいずれも高く評価されていた。

（2）　中心となる支援者による発話内容の分析

　余暇活動を計画立案の段階における中心となる支援者の発話の結果を表6-5に示す。行き先決定場面における支援について、4回の実践を通じて多く確認されたカテゴリーは「受容・肯定（第1回23.8％、第2回26.5％、第3回23.2％）」であった。行き先を決めるために対象者は自由な発想で自らの考えを発言する場面をつくるためには、彼らの発言を受け入れようとする必要がある。また、「質問・話題提供（第1回23.8％、第2回24.9％、第3回23.2％）」

も、いずれの回でも出現が見られた。行き先を決定するうえで、対象者に対して自由な発言を求めるためには、対象者に対して質問をしたり、話題を提供したりするなど、発言を促す際に、どのように発言をすればよいのか、何を発言すればよいのかなど、意見を引き出すことが重要である。

　次に当日の詳細を決定する場面においても、「受容・肯定（第2回24%、第3回25.4%、第4回25.6%）」が多く見られた。また「要求・確認（第1回23.3%、第2回23.4%）」「質問・話題提示（第3回24.3%、第4回28.8%）」でも、多くの発話を確認することができた。

　対象者の反応を見ても、第3回の学習活動後の自己評価において、対象者たちが外出に対する具体的なイメージを持ち、理想や期待と受け取れる発言をしていたことからも、決定内容について、対象者たちに繰り返し「確認」をすることで、自分たちで決める活動内容を精査し、計画を実行に移すための意欲や自信を持つことにつながっていた。その反面、第4回では中心となる支援者が話し合う話題をいくつか提示しても、対象者たちは無反応になっている場面が見られた。このことから、話題提示や質問をする際には、選択肢を提示したり、選択後の結果についても情報を伝えたりする必要があった。

表6-5　計画立案時における MT の発話数

カテゴリー	第1回				第2回				第3回				第4回			
	行先決定	(%)	詳細決定	(%)	行先決定	(%)	詳細決定	(%)	行先決定	(%)	詳細決定	(%)	行先決定	(%)	詳細決定	(%)
説明	48	(12.6)	64	(22.3)	74	(23.1)	32	(19.2)	38	(12.6)	40	(14.3)	－	(－)	63	(11.5)
質問・話題提示	91	(23.8)	60	(20.9)	80	(24.9)	34	(20.4)	70	(23.2)	68	(24.3)	－	(－)	157	(28.8)
要求・確認	113	(29.6)	67	(23.3)	55	(17.1)	39	(23.4)	79	(26.2)	57	(20.4)	－	(－)	115	(21.1)
提案・感想	17	(4.5)	16	(5.6)	18	(5.6)	2	(1.2)	23	(7.6)	13	(4.6)	－	(－)	21	(3.8)
受容・肯定	91	(23.8)	47	(16.4)	85	(26.5)	40	(24.0)	70	(23.2)	71	(25.4)	－	(－)	140	(25.6)
雑談	20	(5.2)	29	(10.1)	6	(1.9)	19	(11.4)	19	(6.3)	30	(10.7)	－	(－)	29	(5.3)
その他	2	(0.5)	4	(1.4)	3	(0.9)	1	(0.6)	3	(1.0)	1	(0.4)	－	(－)	21	(3.8)
合計	382		287		321		167		302		280		－		546	

おわりに

　本研究では、知的障害者を対象に、マトリックス表を活用した選択の機会を提供し、自ら余暇活動を計画・実行するための中心となる支援者の役割と今後の課題について検討した。その結果、中心となる支援者が彼らの発言に対して、受容・肯定的な態度をとることや、具体的な説明や確認、質問をしながら、対象者の発言をもとに決定していくこと、対象者の実態に合った手段で調べ作業を行えるような環境を整えることが重要であることが示唆された。

（1）　余暇活動の内容を自己決定していくための手立て

　本研究において多くの場面で用いられていた発話は「受容・肯定」であった。知的障害のある児童生徒の学習上の特性として、成功経験が少ないことにより、主体的に活動に取り組む意欲が十分に育っていない（文部科学省 2018）ことや知的障害のある児童生徒が自信をもち、主体的に取り組む意欲を育むため、児童生徒の伸びや頑張りを認めたり、ほめたりすることの重要性（岡野 2019）が報告されている。これらの指摘から、行き先を決定するにあたり中心となる支援者は受容的な態度で関わると同時に、肯定的な声かけなどの働きかけにより、発言しやすい雰囲気をつくり出すことの必要性が示唆された。

　また、「質問・話題提供」は対象者の考えや思いを引き出したり、合意形成を図ったりするなどのためには欠かすことのできない要素であった。しかしながら、単に多く用いただけでは、対象者の自己選択・自己決定を促すことは困難であった。谷村（2011）は知的障害や自閉症など、どのような条件の下であれ、選択肢のないところに自己決定の原理は意味をなさないことを指摘している。さらに、小島・石橋（2008）は「『選択肢の長所・短所』を子どもにわかりやすい形で示すこと」「選択肢に関する十分な情報提供を行っているか」が重要であることを指摘している。以上のことから、知的障害者に自己選択・自己決定をさせていくためには、本研究で見られたような「説明」「確認」「質問・話題提示」などの手続きが重要であることが示唆された。

（2）　今後の課題

　本研究では支援者と共に活動を実施することが前提で行われたが、対象者らの実際の余暇生活に応用していくための支援の方法や手だてについては明らかにすることはできなかった。そのため、自分たちだけで活動を計画し、実行するには至らなかった。

　特別支援学校に在籍している児童生徒は、居住地域が異なるため学校外で顔を合わせる機会が不足してしまい、さらに卒業後は、学校で構築した友人関係が途切れてしまう。そのため、送迎など親の支援を借りずに将来を見据えた活動づくりをし、地域で交友を広げ、継続的に仲間と活動する余暇を保証していくことが求められている（鈴木・細谷 2016）。このことから、知的障害者への余暇支援については、生涯学習支援の観点から改めて検討する必要がある。

引用・参考文献

今枝史雄・菅野敦（2019）「成人期知的障害者の自己決定の選択行為にかかわる問題理解プロセス遂行の特徴（2）観点の抽出に焦点をあてて」『東京学芸大学紀要（総合教育科学系）』第 70 巻第 2 号、167-176 ページ。

遠藤美貴（2016）「『自己決定』と『支援を受けた意思決定』」『立教女学院短期大学紀要』第 48 巻、81-94 ページ。

小笠原拓・菅野敦（2015）「知的障害者の日常生活活動に関する研究 ― 日常生活における自己決定支援の階層構造の考察 ―」『東京学芸大学教育実践研究支援センター紀要』第 11 巻、101-106 ページ。

岡野由美子（2019）「知的障害のある児童生徒の教科等を合わせた指導に関する一考察 ― 障害特性の強みを生かした指導の在り方 ―」『奈良学園大学紀要』第 10 巻、19-28 ページ。

片山美香・星川知美（2021）「5 歳児の振り返りの時間における話し合い活動の発話分析」『岡山大学教師教育開発センター紀要』第 11 巻、101-115 ページ。

岸俊行・野嶋栄一郎（2006）「小学校国語科授業における教師発話・児童発話に基づく授業実践の構造分析」『教育心理学研究』第 54 巻第 3 号、322-333 ページ。

京極高宣（2008）「障害者自立支援法の課題」『中央法規出版』。

栗林睦美・野崎美保・和田充紀（2018）「特別支援学校卒業後における知的障害者の就労・生活・余暇に関する現状と課題 ― 保護者を対象とした質問紙調査から ―」『富山大学人間発達科学部紀要』第 12 巻第 2 号、135-149 ページ。

小島道生・石橋由紀子編著（2008）『発達障害の子どもがのびる！ かわる！「自己決定力」を

育てる教育・支援』明治図書。

郷間英世・藤川聡・所久雄（2007）「知的障害者の余暇活動についての調査研究 ― 通所授産施設に就労している人を中心に ―」『奈良教育大学紀要』第56巻第1号、67-70ページ。

シャーロック，R. L.（2000）「クオリティ・オブ・ライフ（QOL）― その概念化、測定、適用 ―（岩崎正子指定発言・監訳）」『発達障害研究』第24巻第2号、106-120ページ。

デュマズディエ，J. 中島巖訳（1973）『余暇文明へ向かって（4版）』東京創元社。

鈴木文治（2006）『インクルージョンをめざす教育 ― 学校と社会の変革を見すえて ―』明石書店。

鈴木洸平・細谷一博（2016）「成人期知的障害者の余暇生活における現状と課題」『北海道教育大学紀要（教育科学編）』第67巻第1号、181-190ページ。

谷村綾子（2011）「特別支援教育体制の基礎的モデルに関する一考察 ― 障碍者権利条約が示す『参加』『自己決定』概念を指標として ―」『千里金蘭大学紀要』第8巻、87-95ページ。

南條正人・新沼英明（2009）「知的障がい児（者）の生活の質（QOL）分析 ― 余暇活動とその支援のあり方を中心に ―」『山形短期大学紀要』第41巻、117-134ページ。

西村愛（2005）「知的障害児・者の自己決定の援助に関する一考察 ― 援助者との権力関係の観点から ―」『保健福祉学研究』第4巻、71-85ページ。

服部伸一（2002）「知的障害者と地域生活 ― 余暇活動への支援を中心に ―」『余暇学研究』第5巻、66-73ページ。

細谷一博（2007）「知的障害児・者の居住形態からみた余暇活動の実態と余暇活動支援機関の機能」『発達障害支援システム学研究』第7巻第1号、1-7ページ。

水内豊和（2010）「余暇支援で豊かにする広汎性発達障害の人たちの生活世界（第4回）自己選択・自己決定を尊重した知的障害者の余暇活動『よかよか』の取り組み」『アスペハート』第9巻第1号、98-103ページ。

文部科学省（2018）『特別支援学校学習指導要領解説　各教科編』。

与那嶺司（2009）「知的障害のある人の自己決定とその関連要因に関する文献的研究 ― 支援環境要因も含めた自己決定モデルを活用した実証的研究の提案 ―」『生活科学研究誌』第8巻、171-188ページ。

米田優衣・西川純（2019）「授業外における教師の児童への働きかけに関する研究：熟練教師の『言葉かけ』による個に応じた指導の充実」『上越教育大学研究紀要』第38巻第2号、299-308ページ。

Deci, E. L., & Ryan, R. M.（1985）*Intrinsic Motivation and Self-Determination in Human Behavior*, Plenum New York.

付記
　本研究のデータは、第2筆者が2021（令和3）年度学士論文「知的障害者に対する自己選

択・自己決定を尊重した余暇支援の実践的研究」で使用したものであり、本研究の成果の一部には卒業論文の内容を含んでいる。本章の執筆にあたり、改めてデータを分析し直し、新しい知見を得たものである。そのため、再分析と執筆をするうえで、改めて対象者の保護者に承諾を得た。

謝辞

　本研究の実施にご協力を頂きました3名の対象者ならびに保護者の皆様にこの場をお借りして厚くお礼申し上げます。

コラム 6　危機の時代に問われるもの

　地球温暖化や新型コロナウィルス感染症（COVID-19）の爆発的感染に加えて、ウクライナやパレスチナの地で多くの命が失われ、恐るべき破壊が続くという惨劇を目の当たりにして、世界は不安定感を増している。とりわけ日本では、長期にわたった経済低迷や繰り返される大規模自然災害によって、先行きへの不透明感は強いと言えるだろう。

　今の時代は「ブーカの世界（VUCA World）」だと言われている。

　VUCA とは、「変動性（Volatility）」「不確実性（Uncertainty）」「複雑性（Complexity）」「曖昧性（Ambiguity）」の英語の頭文字をとったもので、要するに先の見通しが立ちにくい、不安定な時代ということだ。2010 年代半ば、世界政財界のリーダーたちが一堂に会する「世界経済フォーラム」（ダボス会議）を機に、政財界や教育分野に広まった。

　この言葉が初めて登場したのは、冷戦崩壊を迎えた 1980 年代後半。米国の軍事専門家の間で、それまでの軍事戦略が通用しない世界を表す用語として使われ始めたという。軍事戦略だけではない、政治の世界でもビジネスの世界でも、考慮すべき要素があまりにも多く、複雑になって、戦略を立てたくても立てられなくなってきているのだ。

　世界のグローバル化は、テクノロジーの高度化とインターネットの普及が相まって、空間の距離感を一気に縮めた。人・モノ・カネの移動は空前の規模に達している。情報通信技術（ICT）や人工知能（AI）の急速な発展は、さらなる繁栄を約束しているかのようだ。しかし、爆発的な膨張がどこに向かっていくのか、その行く末を見極めようとしても、過去の物差しではもはや測れなくなっている。だから VUCA の世界だと言われるのだろう。

　リーダーシップ不在への危機感が高まっている理由もそこにあるのだろう。こういう時代には、一人ひとりが考える時間を持つことが大切なのではあるまいか。氾濫する情報をいたずらに追いかけるのではなく、自分にとって必要なものを見つけ出し、判断する。今後の方針を打ち立てて、自ら進むべき方向を決める。そのためには、情報に踊らされないよう、真偽を見極める知性を磨く努力が欠かせない。読書や知人との対話を通じた思索が、いつの時代にも増して重要になってこよう。

　酒をこよなく愛した盛唐の大詩人、李白は、現代の私たちの心の琴線に共鳴を引き起こす作品を数多く残している。その一つ、「春夜桃李園に宴するの序」と題した詩に「天地は万物の逆旅にして、光陰は百代の過客なり」

という一節がある。

　つまり、天地という空間は、あらゆるものがやってきては泊っていく宿屋のようなものであり、流れゆく月日という時間は、百代にわたって（つまり永久に）つぎつぎと行き過ぎていく旅人のようなものだというのである。

　時間軸で振り返ってみると、この地球では似たようなことが繰り返されてきた。氷河期もあれば温暖なときもあり、比較的に穏やかな平和な時期もあれば、戦乱のときもあった。そうした蓄積の上に今日の人間社会がある。

　「詩仙」とたたえられた李白は、晩年、安禄山の乱の渦中に巻き込まれ、ひどい目にあった。その中でも漂泊の旅を続けながら、すぐれた詩を作り、後世に貴重な文化資産を残した。世の中は、何が起きるかわからない。長くない人生を、少しでも楽しく、主体性をもって生きようという強い生命力が根底にあったのだろう。

　私たちが暮らす東アジアは、世界でも屈指の成長拠点だ。自動車、スマホ、家電などの消費財は言うに及ばず、アニメ、ポップカルチャーなど文化の面でも世界をリードしてきた。しかも古くから交流を積み重ねて来た歴史がある。今日の繁栄があるのは、過去半世紀以上、この地域では戦争がなく、平和が保たれてきたからにほかならない。かけがえのない宿屋が大いに賑わってこそ、私たちの人生も豊かになるはずである。

（山岡　邦彦）

第7章

道南におけるオシラサマ信仰の現在
— 民間宗教者の今むかし —

村田　敦郎

はじめに — オシラサマとは —

　本章は北海道の道南にあるオシラサマ信仰をテーマとしている[1]。オシラサマ信仰は東北地方の習俗として著名であり、日本民俗学においても研究対象として注目され続けてきた。しかし北海道におけるオシラサマ信仰はほとんど知られていない。そこで、最初にオシラサマがどのような民俗信仰かを確認し、次節で本章の研究目的を述べる。

　オシラサマ研究は、明治末に岩手県遠野市出身の研究者である伊能嘉矩によって行われた学会の報告がその最初とされるが、柳田國男の『遠野物語』の次の有名な一節によって一般に広く知られるようになった。以下は『遠野物語』にあるオシラサマの由来として

写真 7-1　函館のオシラサマ

知られるものである。

> 昔ある処に貧しき百姓あり。妻は無くて美しき娘あり。又一匹の馬を養ふ。娘此馬を愛して夜になれば厩舎に行きて寝ね、終に馬と夫婦に成れり。或夜父は此事を知りて、其次の日に娘には知らせず、馬を連れ出して桑の木につり下げて殺したり。その夜娘は馬の居らぬより父に尋ねて此事を知り、驚き悲しみて桑の木の下に行き、死したる馬の首に縋りて泣きゐたりしを、父は之を悪みて斧を以て後より馬の首を切り落とせしに、忽ち娘は其首に乗りたるまゝに天に昇り去れり。オシラサマと云ふは此時より成りたる神なり（柳田 1968：29-30）。

　この物語は東北のイタコたちがオシラサマにまつわる儀礼の時に唱えるオシラ祭文の語りである馬娘婚姻譚の典型であり、東北地方では広く人口に膾炙する物語である。馬娘婚姻譚とは異類婚の一種で蚕の由来を伝えるものが多く、もともと4世紀の中国の小説『捜神記』に由来があるとされ、中国からの影響を受けた伝承と考えられている（柳田 1963；今野 1966）。この物語に加えてオシラサマの由来譚は他にも『長者物語』『姫神一代記』などが存在し、口承文芸や民間信仰の領野で関心をもたれてきた。もちろん馬娘婚姻の起源譚は道南にも伝わっている。ただし、この婚姻譚が普及しているからといって養蚕が伝わっているわけではない。オシラサマが必ずしも蚕の神というわけではなく、農作神や漁の神として地域に根差した生産の神となっている場合が多く、道南も蚕の神として祀られている例はほとんどみられない。

　続いて日本民俗学の長い研究史の中でオシラサマがどう定義されているのか、『日本民俗大辞典』で確認したい。

> 東北地方で家の神としてまつられている多くは一対の木偶。青森・岩手の両県に分布が多く、山形県ではオコナイサマ、福島県ではオシンメサマともよんでいる。木製が一般的であるが、宮城県や山形県には竹製のものもある。長さは30センチ前後で一尺が基準と考えられる。木製の場合は男女の人頭か、馬頭と姫頭の一対に彫刻されるが、様式は一様でなく巧拙があり個性的である。神体には、毎年一枚の布が着せ加えられ、この地方で晴着を意味するオセンダクとよばれる。布から頭部を突き出した貫頭型と包んでしまう包頭型に分けられ、竹製の場合はすべて包頭型である。

　オシラサマは木箱などに納められて、神棚の上に載せておかれ、祭日には床の間や座敷に飾られて供物がされる。祭日は正月・三月・九月、または三月・九月の十六日であり、祭りはその主婦が司り、参加者は女性に限られ、まつる家の同族、それに集落の人々が加わる場合、集落の人に限る場合、家族だけの場合などがある。参加者は賽銭・米・菓子・果物などを持参して供え、祈願のためオセンダクを供える者もある。

　（中略）

　岩手県では、神体が参加者に回され患部をさすことがあり、子供が背負って近所を回る風習は各地にある。まつる家を清浄に保つため四足、二足すなわち鳥獣の肉を食べない禁忌があり、この神の霊験を疑い、流れに捨てた、または水や津波に流されたが流れをさかのぼって再びまつられたという霊験とともに広く語られている。祭日に盲目の職業的巫女を招くか巫家を訪れ、この神の託宣を聴き、これをオシラサマアソバセという。託宣では禍福・吉凶、生業の豊凶、この神の霊験などが告げられる（三崎 1999：259-260）。

　ここでは東北一帯にみられるオシラサマ信仰が概観されている。オシラサマの分布範囲やその形態、衣裳を重ねていくという信仰方法、祭祀の共同体と祀り手、時期、オセンダク、吉凶の占い、病治し、タブーなどが明記されているが、北海道に関しては記述がまったくない。道南のオシラサマ研究の第一人者である渋谷が「北海道は新しいということでかたづけられ、一般的に明治以降の歴史や、民間伝承の調査研究がなされていなかった」（渋谷 1964a：46）と慨嘆するように、『日本民俗学大辞典』では分布範囲から道南は除外されているのである。ただし、道南のオシラサマは東北のものと比較してみると、その神格の多くは屋敷神であり、木製かつオセンダクで頭部を包む包頭型であり、祀り手が女性中心であり、祭日も十六日、託宣や病治しを行うなど共通点が多く、東北地方でもとくに青森のものとの共通性がみられる。

　現在わかっているのは、北海道におけるオシラサマ信仰もそれなりに歴史があるということであり、少なくとも 200 年ほど前の『東海産譚』（1805（文化 2）〜 1806（文化 3）年）の記事にそれらしきことが記載されている。

「オホシラ神の事」

　おほしら神といふ物有。何の神といふ其由来を知れる者なし。桑の木の尺餘な
る木におほろ氣に全軆を彫る男女の二神有り。信心のもの祈る事有と乞へは、其
木偶神を擁し来りて、絹、木綿の裁を願主より出さしめて、神軆をつゝみ、左右
に持て呪詛す。其神、女巫にうつりて吉凶をいふ事也。もし傍らに人有て何の霊
なるか、虚妄事ならんなとおもふ事あれば、我を斯いやしなむなどゝいふ故に、
心霊冥通すと、恐れ渇仰しけるよし、怪しき事也。中国に在る所の犬神といふも
のにひとしきか（高倉 1969：36）。

　上記に、蝦夷地には「オホシラ神」という由来不明の神があり、一尺あま
りの桑の木を材料としてご神体が製作され、それが布で覆われ、巫者が呪術に
よって吉凶占いを行うと記されている。私たちの知るオシラサマと同一のもの
とは断定できないが、かなり共通項があるといえよう。上記により明治以前に
おいて道南での「オホシラ神」信仰が展開されていた可能性が示唆される。道
南の事例においては、いずれもイタコとともに「オシラ神」があったことか
ら、青森県から北海道に移住し、各地を渡り歩いていたという歩き巫女の存在
が、両地域の信仰を促したのではないかと推察されている（増子 2007：31）。
　渋谷は、道南において巫業（ふぎょう）・巫術（ふじゅつ）に頼る民間信仰は、そもそも道南に起
源をもつような伝統的基盤が希薄なため、青森の神々を対象とした「高山稲
荷、川倉地蔵、恐山信仰、オーシラ神の久渡寺まいり」信仰を伝える者として
巫者たちを受け入れてきたとした。これらの信仰の伝播によって青森の信仰に
関わる巫者および講が広まり（渋谷 1985）、青森のさまざまな民俗信仰ととも
にオシラサマも津軽海峡を渡ったと考えられる。だが、このような青森の文化
の影響を色濃く受けた道南だが、民俗学の研究史上ではほとんど看過されてき
たといえる状況である。

1.　研究目的

　北海道の道南の民俗文化は、津軽海峡を間に挟む青森と共通要素をもつ文
化圏といわれる。海峡は人の流れを阻むものではなく交通路として機能し、道
南の人々は本州からさまざまな文物、すなわちヒト・モノ・コトを受け入れ、
また道内からも同様に交流する関係にあった。宮良は両地域の生活文化に、北
前船就航地の裏日本および関西地域から伝えられた生活文化の強い影響がある
ことも指摘し、さらに道南と青森沿岸部を包摂した「津軽海峡文化圏域」（以
降、本章では津軽海峡文化圏と略す）を想定し、そのうえで海峡地域の文化を
総合的に把握することの重要性を提唱した（宮良 1986：1-2）。高橋は「津軽
海峡文化圏」について「より厳密には津軽海峡を挟んだ両岸地域 ─ 道南と青
森県の沿岸地域 ─ の人的交流の中で歴史的に育まれていった独自の文化のこ
とを指すものと思われるが、津軽海峡の両岸地域に共通して見られる文化とい
うように、広い意味でとらえることもできる」ものとし、この 2 つの視座を使
い分けることが肝要としている（高橋 1999：108）。すなわち道南の民俗文化
を研究する際、青森をはじめとした本州の文化抜きでは語りえないことは明ら
かといえる。
　本章は道南の民俗信仰であるオシラサマをテーマとするが、これも前述し
たような津軽海峡文化圏に通底する文化要素である。しかし、オシラサマを研
究するにあたっては、オシラサマそのものを対象とするだけではなく、その祀
り手であるイタコ・カミサマ・センセと呼ばれる女性の巫者、それから高山稲
荷、川倉地蔵、岩木山信仰、恐山信仰、久渡寺のオシラ講など青森方面の民俗
信仰との関係性にも目配りする必要がある。
　道南におけるオシラサマ信仰の研究は、渋谷道夫（1964a；1964b）の研究
に端を発し、その集大成ともいえる研究が 1985 年に行われる。その後、津軽
海峡文化圏の民俗宗教の諸相について高橋晋一（1999）、オシラサマについて
は大湯卓二（2004；2008）と増子美緒（2009）の研究がみられる。
　本章ではとくに渋谷の研究を整理し、彼の調査対象者への追跡調査の報告

を行いたい。具体的には、オシラサマ信仰の指導的立場にあった女性宗教者カミサマ／センセ／イタコの昔の活動状況を資料として記述する。さらに女性宗教者たちが著しく減少した現在、オシラサマの信仰形態がどのように維持され、また変容したのか、フィールドワークによって得られた資料をもとに明らかにしたい。

2.　渋谷道夫のオシラサマ研究にみる民間宗教者の活動

　道南におけるオシラサマ研究は、函館工業高等専門学校の教員だった渋谷道夫が 1964 年にその第一歩を記した。渋谷は当時の北海道におけるオシラサマ研究の現状を「まったくオーシラ神信仰に関する研究がなされていなかったばかりか、文献すらもない」と記しており、北海道が民俗学の世界で無視されている状況を嘆いている（1964a：46）。調査当初の問題として、従来民俗学では蚕神としての「オーシラ神」がイタコによって託宣する神具として使用されるのが一般的と考えられていたが、道南においては漁業生活者の中になぜ流布しているのか、そして祭文の内容は東北と比較してどの程度相違があるのかをテーマに据えていた（1964a：47）。このときの報告では、信仰の状況として分布（表 7-1）、①神体の分布地域、②巫女および太夫の分布、③女性宗教

表 7-1　神体と女性の民間宗教者の分布、呼称等

①神体の分布状況	亀田郡亀沢村字根崎・古川尻・宇賀・志海苔・石崎、亀田郡戸井村字瀬多来・小安・原木・汐首・日ノ浦、亀田郡尻岸内村字宇古武井・女那川・大潤・日ノ浜、亀田郡亀田町字赤川・昭和町、函館市全域、上磯郡上磯町・本町・茂辺地、福島町
②巫女および太夫の分布	根崎・石崎・函館市に太夫、松川町・上磯町に歩き巫女が来訪する。
③巫女の呼称	イタコ・イタコ様、モリコ、カジャ・カチャ、カミサン、センセ、別当または太夫
④盲目かどうか	盲人は 2 人で、その他は健常者であった。
⑤入信の動機	以前からの風習（盲人）、久渡寺等の修行にて

者の呼称、④道南のイタコは盲目か、⑤入神の動機、また、祀り方（表7-2）として①神体の呼び方、②何の神として信仰しているのか、③オーシラ神をお祀りする日、さらに道南の祭文の特徴を記述している（1964a：47-48）。この報告によって道南のオシラサマ信仰の分布や祀り手、信仰内容についての外郭が明らかになったと同時に、本州と道南の文化的なつながりを研究する手がかりを提示したといえる。

　さらに渋谷は同年に「道南銭亀沢村の巫女たち」という報告（渋谷　1964b）を行い、銭亀沢村に住んでいた３人の女性宗教者の（現代風にいうところの）ライフストーリーを記述している。それぞれ巫女になった経緯、オシラサマの祀り方、オシラサマの由来などの話題を中心に聞き取り調査を行っている。祀り方等にはいくぶんかの差異はみられるが、成巫過程（巫女になるまでの過程）についての物語や祭文にみられるオシラサマの由来はやはり青森の流れを汲んでいるといえる。さらに渋谷は1969年にインフォーマントの一人であるイタコから「オーシラ神の祭文」を録音し、資料として日本民俗学会に報告している。

　そして渋谷は1985年に道南におけるオシラサマや女性宗教者など、巫業を中心とした民俗信仰について、自身の集大成ともいえる研究発表を行う。渋谷によると、道南における信仰世界は、近代まで寺社開山開基を中心とした神仏混淆の布教と信仰が行われてきたという。しかし幕末になると、より小規模な庚申信仰、明神信仰、稲荷信仰、観音信仰、地蔵信仰など、即物的現世利益信仰が始まったとした。渋谷が調査した時代において庚申信仰は今も続いていると記録され、木花咲耶姫・明神信仰などの姫神信仰の遺風が形を変えて、観音信仰を基調としたオーシラ神信仰が広まっているのが道南（とくに函館周辺）の特徴であるとした（渋谷　1985：120）。そしてオシラサマは「土俗信仰と密教系神道」と結びつき、民間に定着していると考えた。その信仰内容は歓喜天や白山神および十一面観音と類似しており、現世利益を中心に夫婦和合、五穀豊穣、諸願成就を巫者によって得られるとしている（渋谷　1985：122）。だがそもそもオシラサマは家神であり、イタコやカミサマの神具や祭具ではなく、あくまでも家人に依頼されて操作し、願いの成就を目指すことが本義であ

ると述べる [2]。

　このときの調査では分布に関しては、上記表 7-1 の状況に函館市内の町がいくつか補われており、ここで挙げておくと「函館市松川町、大縄町、新川町、高盛町、千代台町、中島町、滝ノ沢町、湯川町」が追記されている。特筆すべきは、渋谷がこのときに 200 対以上のオシラサマが道南の渡島地域に分布していると推定していることである（渋谷 1985：124）。

　次の表 7-2 は渋谷が聞き取りを行った巫者たちのライフストーリーをまとめたもので、宗教者の呼称・年齢、居住地、出身地、成巫過程、オシラサマの祀り方を一覧にしている。

　呼称に関しては盲目の女性宗教者で修業を行った A は「イタコ様」と呼ばれているが、その他目の不自由な人も含めその呼称は、カチャ、カミサマ、センセとなっている。道南ではイタコも一定数いるが、活動内容に関しては、カミサマやセンセと厳密な区別はなく、青森のイタコのようにホトケおろし（死者の口寄せ）のみ行う者はほとんどいなかったようである。

　年齢は中年から高齢に至るが、ここに記されている者は、若年のうちに重病や事故、経済的困窮などを契機としている。平坦な人生でなく、どこかで苦難を味わうことで信仰の道に入る、ということが型としてできあがっているといえるだろう。出身地については函館出身者もいるが、やはり青森の津軽地方を中心とした北東北の文化が血縁者や親戚から伝えられていることがわかる。

　成巫過程は上述したように自身や家族の重病や事故などの苦難を経験したときに、霊感を得ることが多い。このように巫者は神からの召命を受けることが多数だが、カミサマに相談してその道のことを示される、また師匠について修行するあるいは独学で修業するなど、さまざまなパターンがある。

　オシラサマの祀り方については、自らの体に神を憑依させるための神具として使用する場合がある。その他のオシラサマはご神体として、家神、夫婦の神、農作神、漁神、世の守り神、火の守り神、健康の神などとして信仰されており、およそ人生の諸問題に対応する神として祀られている。

　道南の人々が、オシラサマ信仰を支えるイタコ、カミサマ、センセと呼ばれる女性宗教者たちに「地鎮祭、一年の天候、出稼ぎ、生業、夫婦、子供に関

表 7-2　道南の巫者とオシラサマについて

	呼称・年齢	居住地	出身地	成巫過程	オシラサマの祀り方
巫女 A	イタコ様	函館市古川町	旧戸井村。父は青森県南部三戸出身、母は秋田県土崎出身	3歳のころから目が不自由で、小学校には1年間しか行かなかった。14歳のころからこの道に入り、3人の師匠について修行を行った。	3人目の師匠の下で、百日修行を行った。21日間の断食後、木の実を食べて水垢離し、天照大神、春日大明神に祈祷し、オセンダクの方法を修得したという。
巫女 B	カチャ、カミサン	函館市石崎町	旧戸井村	21歳で結婚、24歳で樺太にわたり、過労で失明する。35歳のとき、神様（お稲荷様）から召命され霊感を受けた。	オシラサマの命日は3月16日と10月16日の年二回。祈祷は夜に行う。オシラサマは天を飛ぶ神で、農作神であるが、遠隔地に出稼ぎに行くときなどに安全を祈願する。オシラサマを呼び出すときは「高天原」「八百万神」「津軽三十三番」を使う。巫女は稲荷を呼んで祈祷するが神がかりの道具にオシラサマを使用する。
巫女 C	カミサマ	函館市根崎町	左記に同じ	自分の家の子どもが重病になり、そのとき初めて神様にすがり霊感を受けたという。神は根崎の川灌神社の神だという。後に久渡寺にて津軽の神々と出会う。	オシラサマは漁が少ない8月16日昼に祀る。旧（古）いやり方だという。所有するオシラサマは「道産子の神さん」で「南無八幡大菩薩」で「馬頭観音と姫さん」と呼ぶ。オシラサマに祈願するときは「八百万神」「ミソギハラエ」「天地一切の清め」「高天原」「シゴン」「三十三代の馬頭観音」「大白十六善」を呼び出す。農作神、世の守り神、火の守り神。
巫女 D カミサマ66歳		函館市高盛町（岩木神社）	上ノ国町	6歳のときに犬に噛まれ意識を失い、霊感を受ける。姑が五所川原出身で岩木山を信仰し、25歳のころ姑の影響を受け、この道に入った。師匠はいないが山や川、滝などで独学で修業を積む。	岩木神社の祭は7月と8月に行い、火渡りをしたり、湯立をする。オシラサマを持って信者も踊る。信者は体に炭を塗ってパンツ一つで踊る。節分のときは釜立てをして、神意を占う。
巫女 E センセ77歳		函館市滝ノ沢町	青森県津軽	神が宿ったのは23歳のとき。「初めに天照さん、続いて金山比古之神、一年後に宇賀御霊之神（稲荷）」が降りた。人を導いたのは25歳から。	講社の月例祭毎月12日（第二日曜日）で、オシラサマを持っている人は月例祭に来て拝んでもらう。外部参拝として講で青森県の「お岩木山」の山岳修行として下回り2回、上は1回行くという。また信者は高山稲荷や久渡寺、酒田の善宝寺にも参拝に行く。
巫女 F センセ74歳		神道大教龍神教会	新潟県両津市	21歳で結婚し、29歳で夫と子を亡くし信仰の道に入る。32歳のとき、経済的に困窮しカミサマに相談したところ、「あなたには龍神さんがついているので修行してください」といわれ、修行を始める。	祭神は龍神、金山比古之神、稲荷、吉祥天、不動明王、天神さん、薬師大神、大国主神、試験の神。オシラサマは信者が持ってきたものを祈祷のときに取り扱う。
巫女 G ?53歳		赤沼大明神講社	函館市出身。両親は津軽の金木町出身。日天と高山稲荷の信者だった。	23歳のころ病に苦しんでおり、日天と高山稲荷を祈ればよいとされ、この道に入った。33歳の厄年に神道大教の行でカミサマとしての修行を終え、高山稲荷講社を開く。また1974年に赤沼大明神講社を引き継ぐ。	赤沼大天女（赤沼大明神）、高山稲荷、白沼八大龍王、弘法大師を祭神とする。オシラサマは信者の桑の木から7対のご神体をつくり、そのうち2対を奉納している。オシラサマは5月から6月に久渡寺に行きお祀りする。オシラサマは夫婦円満の神であり、馬頭観音とお姫様が夫婦になって天国で桑の木に宿ったので、必ず絹を着せるのだという。オシラサマの祓いは、体の弱い人、夫婦和合が必要な人に行う。その祝詞は「オンキリ、クキク、キャクン、ソワカ」を3回繰り返す。講社の月例祭は毎月7日で、信者が持ってきたオシラサマでオシラアソバセを行う。
巫女 H	日蓮宗住職だが修験者（男性）	赤沼本山妙要寺	?	寺と龍神信仰の結びつきについての記述。大阪の尼僧が妙要寺と龍神を結びつけたという由来譚。	オシラサマの記述なし。

（本表は村田　2022を加筆修正したものである）

する悩みなどを占い加持祈祷をしてもらう。呪い、障り、祟り、因縁、憑きものを体内から追い出してもらう。これらを巫業者の法力や霊力に頼って」（渋谷 1985：139）いた。このあたりをみれば、女性宗教者の役割が生活全般の悩みに対応しており、とくに家庭人としての女性が彼女らを必要としたことがわかる。また少なくとも 1980 年代までは、民俗信仰の世界では、見えない世界の霊的存在が災因として影響すると信じられていたといえるだろう。

　筆者は渋谷が聞き取りを行った巫者のうち、巫女 E の追跡調査を行うことができた。ここでは渋谷が行った調査当時の活動内容を記し、その後、筆者が今回行った追跡調査により、当時の話と現在の宗教活動などについて記したい。

3. 民間宗教者の今むかし — 巫女 E の事例 —

　本節では、渋谷が調査した巫女 E についてはじめにまとめ、その後、筆者が追跡調査した当時の話と現在の宗教活動などについて記す。以下の（1）の項は渋谷（1985：149-151）の論考をまとめたものである。

（1）巫女 E（73 歳、呼び名：センセ）

　巫女 E（以下、E とする）はもともと津軽出身である。函館市滝の沢町、滝の沢の滝のそばに神社を開いた。1975 年ごろにここを霊場として開く前は、函館山のふもとの弁天町で社をもっていた。この滝は、以前から霊場のようにはなっていたが、E が神様から懇請を受けたこと、また自分自身の身を浄めるため、移動することにした。当時は交通事情が不便であったことから不安もあったが、夢枕に多くの神が立つようになった。またこの霊場には水が染み出す御霊石があり、霊験あらたかな場所であることを確信した。

　E に神が宿るようになったのは 23 歳のときで、宿ったのは最初にアマテラス、続いて金山比古之神、その 1 年後には宇賀御霊之神（稲荷）であった。そして霊障を祓うなど人を導くようになったのは、25 歳からであった。時に滝

行をすることがあり、朝に3回、昼は3時に3回、夕方3回の計9回水行を行っていた。

この滝には神が出現すると考えられており、滝の流れの中に3つのミタマが現れるという。滝を見ていると、夜には神が行者の姿で滝に打たれているという話も残っている。滝が光り輝くときは龍神が出現するとされているため、多様な龍神が奉納されている。神が滝を訪れているときは滝に侵入してはならないとされ、神の許可なく入ると「投げられる」といわれている。

神社の月例祭は、毎月12日（もしくは第二日曜）で、オシラサマをもっている人は月例祭にもってきてEに拝んでもらうという。また講（信者集団）を連れて「お岩木さん」を遥拝に行く、また青森の高山稲荷、信者が所有するオシラサマをもって津軽の久渡寺[3]、酒田の善宝寺などを参拝したという。

（2）　現在の調査からみた巫女Eと信仰共同体

次に筆者の調査をもとに上記の補足とこの講集団の活動、オシラサマ信仰の現在を報告する。Eの主催する神社（T神社とする）は道南のオシラサマ信仰を支える場の一つであったが、前述したようにEはすでに逝去しており、神社は長女のS氏（70代）が跡を継いでいる。今でも毎月の月次祭と年越し、節分の大祭に信者が集っている。筆者が2022年2月の節分の大祭に参加した折に、神社で祀られていたオシラサマを発見した。その後、2022年7月10日に行われた月次祭に参加し、聞き取り調査をするに至る。

月次祭は、T神社で毎月開催されているが、現在、日にちは決まっておらず、第二日曜など信者が集まりやすい日に設定されている。オシラサマの祭日（命日）である16日に行うといったこともない。当日は、10時50分頃から30分ほどにわたる祈祷があり、センセであるS氏や儀礼を補助する巫女たち（S氏の娘たち）に合わせて参加者も2礼2拍1礼を行い、大祓詞（おおはらえのことば）を唱えるなど神道の形式に則った月次祭が行われた。祈祷が行われる祭壇には、米や果物などが供えられ、正面から向かって右手側に信者が連れてきたオシラサマが安置されていた。祈祷が終わると、参加者同士で食事をとる直会があった。そこでの食事は、四つ足のものや生臭を避けて作られていたが、これは神道式

のふるまいであるという。

　センセのS氏や古くからの信者によると、以前、神社には10対ほどのオシラサマが連れてこられていたという。先代のEが全国各地に信者を連れ、オシラサマの修行（オシラサマを連れて津軽や全国の有名な寺社仏閣を参拝することなどを指す）をしていた。修行の際には、柳行李にオシラサマを入れ

写真7-2　祭壇の横に安置された
　　　　　オシラサマ

て持ち歩いていたようで、当日連れてこられたオシラサマも同様に運ばれていた。

　およそ50～60年ほど前に、Eが神様からの神託によって7対のオシラサマを信者7人に祀らせたことがあったという。このときの7対のうちの1対を所有している信者のJ氏（70代、男性）の話によれば、道南にクワノキはないため、境内にあったクスノキを切り分けてオシラサマを製作したという。魂入れについては定かではないが、S氏によると母のEが行ったのではないかとのことだった。このときの調査で出会ったオシラサマの祀り手2名はいずれも、T神社発祥のオシラサマを授かった信者の子息で、親からオシラサマを受け継いでいる。

　調査時の月次祭に連れてこられたオシラサマは、N氏（60代、女性）という人物のもので、T神社から出た1対のオシラサマにあたり、修行中とされている。もう一人の信者のオシラサマは、Eによって修行を終えたと判断されてミクライ（修行を終えてすでに神様として高い位についているとされる。修行は必要ないとされ、家で安置されるようになる）に就いており、自宅に安置されている。この他の5対のT神社のオシラサマおよびここのものではないがかつて神社へお参りに訪れていたオシラサマの現在は、S氏も他の信者も把握していない。

　ミクライに就くクライアゲを行うかどうかの判断は、センセであるEが行っていた。Eは霊的な力によって神様のお告げを聞いていたが、跡を継いだS氏

はそのような力がないため、いずれN氏のオシラサマのクライアゲについて
も「もうそろそろかな」と判断して助言したいと考えている。

　霊能力はなかったS氏だが手先が器用だったため、母のEが健在だったこ
ろから御朱印を押す絹の布を増やしたり、ミクライに就いたオシラサマのオセ
ンダクを変えたりしていた。また、S氏はアソバセルことはできないが、Eは
オシラサマアソバセ（センセ等の民間宗教者が信者と共に、オシラサマを手に
して振り動かす儀礼行事。憑依をともなう神託を行うこともある）をしてい
た。オシラサマに神霊が宿るとEは順繰りに車座になった信者に手渡した。
その際、信者の手は震え、オシラサマの鈴を鳴らしたという。オシラサマはい
ろいろな知らせをもたらす神とされ、信者の間では洞爺丸事故[4]の際に神社
のオシラサマの鈴が鳴り、朝になるとオシラサマはびしょ濡れになっていたと
いう伝承が残っている。信者たちは、これはオシラサマが洞爺丸の事故を知ら
せ、遭難者を助けに行ったため、雨風に濡れたのだろうと考えた。

　お供え物には四つ足のものを避ける以外にとくに決まりはなく、本来は水
と塩を供えるとよいとされている。オシラサマは人間と同じように働いてくだ
さっているため「気持ち」を供えるという考え方だという。また、神様であり
ながら、人の事情を理解しているため、正式にお祀りできなくなってもオシラ
サマがそれでわがままを言うことはないそうだ。基本的にはどんなことをお願
いしてもよいはずだと話していたことからも「オシラサマは庶民に寄り添った
神様」だという解釈がうかがえる。

　おわりに

　文献資料と筆者のフィールドワークからEが活躍した1960年代から1980
年代にかけて、民間宗教者としてのセンセを中心とした宗教共同体が盛んに活
動していたことがうかがえた。Eも伝統的な滝行等を行って自分の能力を高め
たのち、神意を得たり、病治しなどの霊験を顕したり、また信者が神様から
授かったオシラサマをアソバセルなどして信仰活動を多岐にわたって行って

いた。これらは明らかにＥの宗教活動は青森の津軽の女性宗教者カミサマの系譜を引くものであり、道南でもその文化が維持されていたといえる。Ｅの事例でみた「授かるオシラサマ」の事例は青森県津軽地方に顕著な信仰であり、この「授かる神」という概念もまたその証左といえるだろう（大湯 2004；2008）。

　またＥのように他の民間宗教者たちも、青森の岩木山神社や久渡寺、高山稲荷などへオシラサマの修行と称して旅行を行うなど、基本的に似たような信仰活動を行っていた。移住者たちが自分たちの祀る神の本地への巡礼の意味をもつと同時に、旅行や父祖の故郷へ戻る里帰りのような娯楽の側面があったと考えられる。増子も調査したオシラサマ所有者が信仰を継続する理由として修行の名を冠した旅行に着目し「久渡寺へ通うことの『旅行』という意味づけは、（中略）オシラ講に見出した楽しみの要素がある種反映されたものだと言えるだろう」（増子 2009：223）と述べている。

　本章では紙幅の関係上、言及することができなかったが、現在の調査において巫女Ｄについて津軽地方にバスを貸し切って久渡寺のオシラ講大祭はもとより、日本各地の著名な寺社仏閣に参拝させていたことがわかっている。ＤとＥはともに自分たちが所有する神社があり、そこに祭壇をつくり、信者を集めて存分に信仰活動を行うことができた。しかし現状は本章で見たとおり、Ｓ氏はＥの後継者としてセンセという立場と神社を継承したが、本人が言うところでは「私には母のような力（霊感）がない」ため、以前神社で行っていたようなオシラサマアソバセや霊感による相談などが途絶えてしまったという。同様にＤの場合も、生前に行われていたオシラサマアソバセや節分の日の釜立ての神事なども誰にも継承されることもなく消失してしまった。それどころかＤの死後、彼女が開いた神社は廃社となり信者たちも四散したという。Ｄが占いや病治しに使用していたオシラサマは彼女の長女が引き継ぎ、家の中で細々と祀られているが、水や菓子などを供える以上のことはしなくなってしまった。ＤやＥの子弟たちによると、宗教者としての「力」は血統によって受け継がれるものではなく、個人の才能によるところが大きいという。また調査では個々人に伝えられるオシラサマのお供えに関する禁忌（四つ足のもの

は供えてはいけない等）も気にされないようになっていることがわかった。つまり信仰を指導する民間宗教者がいなくなることで、オシラサマにまつわるさまざまな文化要素も同じく失われることになったのである。この点について、青森の場合は道南と異なり、オシラサマ信仰のセンターとして久渡寺が存在する。

　岩崎は弘前市周辺を調査地として、オシラサマ信仰の継承において久渡寺が青森県における中心的な場として機能していることを明らかにした（岩崎 2008：91）。彼はそのなかで、久渡寺系のオシラサマ信仰が祀り手の自由な解釈を可能にする許容度をある程度もちつつ、久渡寺系の知識を有する「伝達者」、久渡寺が祀り手たちの持つ知識を交換し共有する「情報伝達の場」としての役割を果たすことで、久渡寺系という一定の共通項をもったオシラサマ信仰を支えていると指摘する。道南にも数十人単位の信仰集団はあったが、久渡寺のように道南のオシラサマ信仰を（ゆるやかにでも）統括するような規模の宗教施設や組織はなかった。ただ道南に点在する信仰集団に共通するのは、オシラサマ信仰が存在する集団のほとんどは久渡寺参りをしており、先にいう「久渡寺系」に属すことができていたといえる。しかし、筆者の2023年5月のオシラ講大祭の調査では北海道からの参拝者は5～6組あったが、一組を除いてすべて個人的な参拝となっていた。久渡寺参りというオシラサマ信仰の伝統的行事は個々人のレベルで維持されている状況といえるだろう。

　センセなどの女性宗教者という信仰の中心を失った道南のオシラサマ信仰は、地域文化ではなく個人の経験や宗教観に基づく個別的な祀り方に展開し、多様性をもつようになったといえる。

　道南におけるオシラサマの祀り方の多様性や継承問題、わずかに残るオシラサマ信仰共同体など論じるべき課題は山積している。次の機会を待ちたい。

注
1)　オシラサマは東北一帯でさまざまな呼称が存在し、また道南においてもさまざまな呼び方があるが、本章では道南のものと学問上一般化されているオシラ神の通称として、「オシラサマ」の名称を使用する。

2) とはいえ漁村のオシラサマは毛色が違って、講や家神の加持祈祷の神具として用いる場合もある。このときオシラサマは「南無大聖大悲歓喜天方弁御体大白十六善」と同一視される（渋谷 1985：123）。

3) 久渡寺にて5月16日に行われる通称「オシラ講大祭」があり、青森県各地からオシラサマ所有者が集まりお祓いを受ける儀礼がある。

4) 洞爺丸事故は1954年に青函連絡航路で起こった、青函連絡船洞爺丸が沈没した海難事故である。死者・行方不明者あわせて1,155人に及んだ。

引用・参考文献

池上良正（1987）『津軽のカミサマ 救いの構造をたずねて』どうぶつ社。

岩崎純愛（2008）「弘前市周辺のオシラサマ祭祀の現在 ― 経験と解釈をめぐって ―」『青森県の民俗』第8号、75-98ページ。

江田絹子（1977）『津軽のおがさまたち ― 民間信仰の旅 ―』北方新社。

大湯卓二（2004）「津軽海峡を渡ったオシラサマ」『青森県の民俗』第4号、116-120ページ。

大湯卓二（2008）「津軽地方における『授かるオシラサマ』の信仰土壌」『青森県の民俗』第8号、1-26ページ。

神田より子（1991）「女と神とオシラさま」網野善彦他編『音と映像と文字による【大系】日本 歴史と芸能 第十一巻 形代・傀儡・人形』平凡社、173-200ページ。

楠正弘（1985）『庶民信仰の世界 恐山信仰とオシラサン信仰』未来社。

今野円輔（1966）『馬娘婚姻譚』岩崎美術社。

佐治靖（2000a）「新たな『オシラ神』研究に向けて ―『オシラ神』研究の課題と方法」『遠野市立博物館第41回特別展 オシラ神の発見』、12-23ページ。

佐治靖（2000b）「『オシラ遊ばせ』の地域的諸相 ― 青森県水戸郡南郷村古里の場合 ―」『遠野市立博物館第41回特別展 オシラ神の発見』、24-29ページ。

佐治靖（2000c）「オセンダク ― オシラ遊ばせと幣束 ―」『福島県立博物館紀要』第15号、183-188ページ。

渋谷道夫（1964a）「道南のオーシラ神」『日本民俗学会報』 35号、46-50ページ。

渋谷道夫（1964b）「道南銭亀沢村の巫女たち」『日本民俗学会報』36号、37-44ページ。

渋谷道夫（1969）「オーシラ神の祭文」『日本民俗学会報』63号、56-64ページ。

渋谷道夫（1985）「道南の民俗信仰 ― 巫業を中心とする信仰について ―」『北海道の研究 民俗・民族篇』第7巻、清文堂、119-163ページ。

渋谷道夫他（1977）『北海道・東北の民間療法』明玄書房。

須藤隆仙（1992）『青函文化史 ― 初めて綴られた日本北辺の文化動向 ―』東洋書院。

清野耕司（2003）「青森県津軽地方のオシラサマ信仰」『東北芸術工科大学東北文化研究センター研究紀要』東北芸術工科大学東北文化研究センター、1-19ページ。

高倉新一郎編（1969）「東海産譚」『日本庶民生活資料集成』第 4 巻、三一書房、23-44 ペー
　　ジ。

高橋晋一（1999）「津軽海峡文化圏における民族宗教の共通性 — 神社信仰・シャーマニズム・
　　講集団を中心として — 」『徳島大学総合科学部人間社会文化研究』6 巻、107-122 ページ。

増子美緒（2007）『「オシラ神」信仰の展開 — 青森県と北海道の関わりから』『青森県の民俗』、
　　27-43 ページ。

増子美緒（2009）「オシラサマ信仰における地域的展開の諸相：近代北海道を事例として」『文
　　化／批評』、211-228 ページ。

三崎一夫（1999）「オシラサマ」福田アジオ他編『日本民俗大辞典　上』、259-260 ページ。

宮良高弘（編）（1986）『北海道を探る』第 10 号、北海道みんぞく文化研究会。

村上晶（2017）『巫者のいる日常　津軽の神様から都心のスピリチュアルセラピストまで』春
　　風社。

村田敦郎（2023）「道南におけるオシラサマ信仰の系譜」『公共と文化』1 号、29-42 ページ。

諸岡道比古（2007）「半島における屋内神の研究 — オシラサマをめぐって — 」『半島空間にお
　　ける民俗宗教の動態に関する調査研究』平成 15 年度〜17 年度科学研究費補助金（基盤研究
　　（C）（2））研究成果報告書、課題番号：15520056、12-28 ページ。

柳田國男（1963）「大白神考」『定本　柳田國男集　第 12 巻』筑摩書房、267-431 ページ。

柳田國男（1968）「遠野物語」『定本　柳田國男集　第 4 巻』（新装版）筑摩書房、1-54 ページ。

付記

　本研究は北海道教育大学の研究倫理審査を受け、承認されている（北教大倫研 2022072001）。

Web サイト

村田敦郎監修（2022）「函館におけるオシラサマ信仰の現在」HAKODATE アカデミックリン
　　ク 2022 発表資料、https://www.cc-hakodate.jp/academiclink- web/booth/ % E5% 87% BD
　　%E9%A4%A8%E3%81%AB%E3%81%8A%E3%81%91%E3%82%8B%E3%82%AA%E3%82%B7%E3%83%A
　　9%E3%82%B5%E3%83%9E%E4%BF%A1%E4%BB%B0%E3%81%AE%E7%8F%BE%E5
　　% 9C% A8/、2023 年 1 月 20 日アクセス。

コラム7 探しものはなんですか？

　最近、フランス国立図書館（Gallica）のサイトを頻繁に利用している。基本的な英語くらいしか話せない私にとって、このサイトは調査の範囲を大幅に広げる貴重なツールとなっている。特に音楽分野において、フランス国内の音楽教育書に関する豊富なコレクションがあり、検索機能の精度も高い。デジタル化された大量の資料とOCR機能により、読みにくい旧字体も翻訳ソフトで容易に処理できるようになっている。研究費の削減と不要な出張を避ける必要がある現代において、このデジタルリソースは非常に役立っていることは否定しようがない。

　改めて言うまでもなく、昨今、書籍を中心とした資料（史料）のデジタル化が急速に進んでいる。コロナ禍には、オンライン授業、オンライン会議、オンライン留学など、オンラインでできることが急増し、オンラインの環境も急速に整備されてきた。歴史研究で言えば、資料のデジタル化が急速に進展し、資料を探索し、収集することがとても便利で楽になった。

　デジタル化の波は、情報アクセスの世界を劇的に変革した。著作権の制約から解放された無数の資料が、国立国会図書館をはじめとする各種機関のデジタルアーカイブに収められ、今や自宅にいながら100年以上前の貴重な文献を簡単に検索し、その内容を確認できるようになった。昨日まで見つからなかった資料が、今日デジタルで発見できるという驚きは日常茶飯事だ。

　さらに、検索システムの進化とともに、翻訳技術も格段に向上した。これまで手が届かなかった異言語の資料にも、ブラウザの翻訳機能を駆使して容易にアクセスできるようになった。これは、かつて想像もできなかったほどの進歩である。

　私が研究を始めた当初、インターネット上の情報はまだ発展途上だった。文献情報サイトでの検索が研究の第一歩となっていたが、やがて文献自体がネット上に登場し、図書館に足を運ばずとも資料を手に入れられるようになった。現地取材の必要性は依然として高いとされていたが、インターネットがもたらす「奇跡のような恩恵」の話はしばしば耳にした。

　デジタル化の進展は、時にはユーモラスなエピソードを生むこともある。長年の謎だった歌の原曲を、国内外の図書館を巡って探し求めていた研究者が、ある日インターネットで偶然にその原本を発見したり、多大な労力をかけて明らかにした人物の伝記が、追悼文の検索によって瞬く間に知ることができたりする。これらは、デジタル化がもたらす予期せぬ喜びと落胆の一例に過ぎない。デジタル時代の研究は、まさに驚きに満ちた冒険の旅と言って

もよいかもしれない。

　調査の始まりは、まず「検索」。即物的に言えば、マウスボタンのクリック。足で歩き回る代わりに、ディスプレイ上でひたすらクリックすること。デジタル化が進展した現代では、これが研究活動になった。しかし、それにも限界はある。

　デジタル化の波が押し寄せる中、いまだデジタルの手が届かない資料は存在する。それらは、劣化が激しい、個人が所蔵している、あるいは希少価値が高いなど、さまざまな理由でデジタル化されていない。カタログ上でその存在を知ることはできても、中身を確認するには現地に赴くしかないのが現状だ。

　そんなわけで、デジタルでは見つけられなかった貴重な資料を求め、円安を嘆きつつも飛行機に乗り、資料確認の旅に出ることになった。しかし、この旅の真の意味は何だろうか。単にデジタル化されていない資料を見に行くだけのことなのだろうか。

　現地で実際に原本に触れる瞬間は、インターネットでの検索とはまったく異なる感動をもたらす。当時の紙質や印刷技術に触れ、筆跡や持ち主の書き込みを目の当たりにすると、無限の想像が広がる。これはいったい誰の落書きだろう？　子どもが書いたものか、それとも持ち主の弟子の手によるものか？　そんな質問が心を巡り、過去の人びととの対話が始まる。オンラインでは決して出会えない、この感動を再確認する。

　さらに、資料を閲覧した後の街歩きは、まるで異なる景色を見せる。当時の人びとがこの景色の中でどのように暮らし、歩いていたのかを想像しながら、感傷に浸る。身体全体で資料が存在した環境を感じ取ることができるのだ。これは、内容に直接関係しなくても、その解読に大きな影響を与える。デジタル化された資料とは異なる、この独特の体験こそが、歴史研究にとって現地に赴く大きな意義なのである。この意義は、デジタル時代になって、よりいっそう際立ってくるのである。

　さて、コロナ禍が明け、函館校の学生も海外研修へ行く機会が戻ってきている。すでに渡航した学生も多いだろう。外国語の読み書き、リスニングだけならオンライン留学でも充分だったかもしれないが、やはり現地に行って、そこで生活する人びとと触れ合わなければわからないことも多い。デジタル化が進み、オンラインで事足りることが増えても、やはり現地に飛ぶ必要性は変わらない。むしろその重要性は増している。行ってみないと見つからない、掘り出しモノ（貴重な資料）に出会えるかどうかも、行ってみないとわからないのである。探しものはなんですか。これは今でも変わらない。

（長尾　智絵）

第 3 部

シンポジウム

1. 概　　要

　シンポジウム「国際地域研究の座標軸 ― 未来への足がかりをどう築くか ― 」が、6月30日に函館校で開催された。

　幕開けの基調講演は、京都精華大学教授のウスビ・サコ氏による「グローバル化する日本における地域社会の役割を考える」であった。マリ共和国出身のウスビ・サコ氏は、ユーモアをまじえながら達者な日本語（関西弁）で、新しい共生社会の実現に向けたビジョンについて熱く語り、会場を沸かせた。講演の切り口は多岐にわたり、32年間に及ぶ日本での暮らしの中から見た日本社会の観察、アフリカ大陸出身者として初めて日本の大学の学長になった経緯、自ら実践した教育現場での取り組み、来日前の中国での留学体験、出身地マリの人間関係など、具体例が豊富で密度の濃いものであった。多文化社会で問われるコミュニケーションとは何か、これからの時代に必要な力は何かについて大いに考えさせられた内容であった。

　続く第2部では、函館校の齋藤征人教授による講演「多文化化する地域社会を担う人材育成の試み」、有井晴香准教授による講演「『親子』のつながりを紡ぐケアと暴力：エチオピア西南部の事例から」が行われた。

　第3部パネルディスカッションでは、ウスビ・サコ氏、齋藤教授、有井准教授、金鉉善准教授が登壇して、グローバル化のなかで地域社会が直面している課題や、その解決に向けての手がかり・足がかりについて、さまざまな角度から分析し、提言した。

　その後、フロアからの質問にサコ氏が答える質疑応答が行われた。「日本人が外国人を受け入れられるようになるにはどうしたらいいと思うか」という質問には、サコ氏が「排他的になっているというのは外国人のせいではない。これは私たちの社会基盤が脆弱になったために不安になっているからだ」「日本社会の原点は何かということを考えることで、見えてくるものがたくさんあるかなと思う。日本人が自分自身から逃げようとしたあまりに自分と向き合えなくなっている。自分と向き合えれば、どこの国、地域の人であろうが受け入れ

ていけるかもしれない。自分と向き合うというトレーニング、それが教育の中に入っていたらいいと思う。小さい子はいろいろと受け入れている。まだ何も加工されていないのが工場に入れると違うものになってしまう、そこは避けたいと私は思う」と答えるなど、開場は最後まで熱気に包まれた（残念ながら、質疑応答は誌面では割愛させていただいた）。

このシンポジウムの模様は、『北海道新聞』（紙面は 2023 年 7 月 1 日付、デジタル版は同年 6 月 30 日付）で「共生社会　歩み寄り大切　函館で京都精華大・サコ教授講演」の見出しの下、報じられた。

シンポジウム基調講演全景

北海道教育大学函館校
国際地域研究シンポジウム

参加
無料

申込
不要

2023年6月30日(金) 13:00〜16:30
北海道教育大学函館校第14講義室

■基調講演

「グローバル化する日本における
地域社会の役割を考える」

ウスビ・サコ氏
（京都精華大学教授・全学研究機構長）

【講師プロフィール】
マリ共和国生まれ。高校卒業と同時に国の奨学金を得て中国に留学。北京語言大学、南京東南大学を経て1991年来日。99年、京都大学大学院工学研究科建築学専攻博士課程修了。博士（工学）。専門は空間人類学。「京都の町家再生」、「コミュニティ再生」など社会と建築の関係性を様々な角度から調査研究している。バンバラ語、英語、フランス語、中国語、関西弁を操るマルチリンガル。京都精華大学人文学部教員、学部長を経て2018年4月から2022年3月まで、京都精華大学学長を務める。編書に「知のリテラシー文化」（ナカニシヤ出版）、「現代アフリカ文化の今」（青幻舎）、著書に「『これからの世界』を生きる君に伝えたいこと」（大和書房）、「アフリカ出身　サコ学長、日本を語る」（朝日新聞出版）、「アフリカ人学長、京都修行中」（文藝春秋）、「ウスビ・サコの『まだ、空気読めません』」（世界思想社）など。

■お問い合わせ先

北海道教育大学函館校室学術情報グループ
TEL: 0138-44-4230 / FAX: 0138-44-4381
MAIL: hak-tosho@j.hokkyodai.ac.jp

■アクセスマップ

■スケジュール

13:00　開会の挨拶
　　　　—蛇穴 治夫（北海道教育大学長）

13:10　基調講演
　　　　「グローバル化する日本における地域社会の役割を考える」
　　　　—ウスビ・サコ氏

14:10　休憩

14:25　講演① 「多文化化する地域社会を担う人材育成の試み」
　　　　—齋藤 征人（北海道教育大学函館校）

14:45　講演② 「『親子』のつながりを紡ぐケアと暴力
　　　　　　　　　　　：エチオピア西南部の事例から」
　　　　—有井 晴香（北海道教育大学函館校）

15:05　休憩

15:25　パネルディスカッション
　　　　パネリスト：ウスビ・サコ氏、齋藤 征人、有井 晴香、
　　　　　　　　　　金 鉉善（北海道教育大学函館校）
　　　　モデレーター：山岡 邦彦（北海道教育大学函館校）

16:25　閉会の挨拶
　　　　—木村 育恵（北海道教育大学函館校国際地域研究推進委員長）

国際地域研究の座標軸
未来への足がかりをどう築くか

［シンポジウム　ポスター］

シンポジウム

「国際地域研究の座標軸 ― 未来への足がかりをどう築くか ―」
プログラム

日時：2023年6月30日（金）13：00 ～ 16：30
場所：北海道教育大学函館校第14講義室
主催：北海道教育大学函館校

13：00-13：10	開会の挨拶 ： 蛇穴　治夫（北海道教育大学長）
13：10-14：10	基調講演 ：「グローバル化する日本における地域社会の役割を考える」 ウスビ・サコ氏（京都精華大学教授・全学研究機構長）
14：10-14：25	**休憩**
14：25-14：45	講演①：「多文化化する地域社会を担う人材育成の試み」 齋藤　征人（北海道教育大学函館校）
14：45-15：05	講演②：「『親子』のつながりを紡ぐケアと暴力：エチオピア西南部の事例から」 有井　晴香（北海道教育大学函館校）
15：05-15：25	**休憩**
15：25-16：25	パネルディスカッション： 　ウスビ・サコ氏（京都精華大学教授・全学研究機構長） 　齋藤　征人（北海道教育大学函館校） 　金　　鉉善（北海道教育大学函館校） 　有井　晴香（北海道教育大学函館校） モデレーター：山岡　邦彦（北海道教育大学函館校）
16：25-16：30	閉会の挨拶：木村　育恵 　　　　　（北海道教育大学函館校国際地域研究推進委員長）
司会	木村　育恵（北海道教育大学函館校）

2. パネルディスカッション
「未来への足がかりをどう築くか」

パネリスト（順不同）
　ウスビ・サコ　（京都精華大学教授・全学研究機構長）
　齋藤　　征人　（北海道教育大学函館校）
　金　　鉉善　　（北海道教育大学函館校）
　有井　　晴香　（北海道教育大学函館校）
モデレーター：山岡　邦彦　（北海道教育大学函館校）

山岡：シンポジウム第3部のパネルディスカッションは「国際地域研究の座標軸―未来への足がかりをどう築くか―」というテーマです。今、世界を見渡しますと、大きな出来事が相次いでいます。グローバル時代の往来を遮断させた新型コロナ感染症（COVID-19）のパンデミック（世界的大流行）は、対策が次第に緩和されて元の日常が戻りつつありますけれども、コロナの前と今とでは、世界の様相もかなり変わった面があります。2022年2月に始まったロシア軍によるウクライナ軍事侵攻は、多くの死傷者を出しながら依然止む気配はありません。サコ先生の基調講演にもあったように、肥料がウクライナから入ってこないことでマリの農業にも影響が出ているなど、戦争の影響はさまざまな分野に及んでいます。エネルギー価格の高騰も、不安定な世界情勢と無関係ではありません。経済規模で世界第1位、第2位のアメリカと中国が対立を深めていることも先行きを不安にさせる要因です。未来への確かな展望が見えない今日の混迷の時代にあって、私たちは今どこにいて、どこに向かおうとしているのかを考えるとき、自分たちの立ち位置の座標を決めないことには足がかりは得られません。パネルディスカッションでは、サコ先生と本学の先生方に、こうした問題意識の下、ご意見、お考えを伺いたいと思います。未来への前向きな展望についても考えていきたいと思っています。私から4人のパネリストの先生

方に適宜お尋ねし、お答えをいただくという流れでいきたいと思います。

　最初に、今の時代をどう捉え、何に一番注目しておられるかについて、お聞かせください。金先生から、よろしくお願いします。

金：私の専門分野は民事法学で、抵当権とか担保を中心に研究していますが、その観点から今、私が一番注目しているのは、デジタルという言葉です。

　私たちは、すでにデジタル時代に入っているだけではなく、それがさらに加速されていて、すべてのものがデジタルに転換されている時代を生きているのではないかと思っています。「デジタル転換」という言葉は、さまざまな分野からいろいろなアプローチがなされているため、一言で言い

金　鉉善　先生

表すのは難しいですが、私の理解で簡単に申し上げますと、デジタル技術の飛躍的な発展によって、既存のものが新しくなっていくこと、例えば近年デジタル民主主義という言葉をよく耳にしますが、このデジタル転換というのは、産業分野だけではなく、このように政治のあり方にも大きく影響を及ぼしていることがわかります。また、ロシアのウクライナ侵攻で、真っ先にロシアがウクライナの通信網を攻撃して人々の情報を切ろうとしていた、つまり戦争の形態にも変化をもたらしていることなどを見ると、今の時代はデジタル転換の時代と言えるのではないかと思います。

山岡：はい、ありがとうございました。それでは齋藤先生お願いします。

齋藤：函館校に国際地域学科を開設して間もなく、国際地域学科ってなんだろう？ と思っていた時期が、教員にも学生にもあったと思います。でも今や、新型コロナウイルス感染症の問題や、ウクライナ問題などにより、多くの人が世界の問題が自分たちの地域の暮らしに直結していることを実感し始めています。また、世界的に見ると人口は増加しているわけですが、国内では人口減少、少子高齢化の問題、地域社会の紐帯の弱体化など、全

体として人々のつながりが弱くなってきて
いるように思います。

　私が専門としている社会福祉の視点でそ
うした社会的問題を捉えると、これまです
べての国民が健康で自分らしく暮らしてい
くための方策を講じるのは国家の責任であ
り、そのために必要な予算を国が出すこと
は当然でしたが、これからは行政だけに依
存することが難しくなる。支え手・担い手
の不足、財源の不足から、行政ができるこ
とにも限りがあるので、地域住民たちで工

齋藤　征人　先生

夫できることはやっていただく。お互いがそれぞれのできることに取り組
みながら、それぞれの地域なりの課題解決の道を探っていくことが求めら
れるようになった。現状認識については、そのように考えています。

山岡：齋藤先生、ありがとうございました。国際社会と、私たちの足元の地域
　　社会とは分かちがたく結びついています。そういう中で、地域のいろいろ
　　な問題も、行政任せの時代とは違って、むしろ自立というか、地域内で責
　　任を持って対応していかなくてはいけない、そういう時代に入っていると
　　いうお話でした。金先生は、デジタル社会、デジタル転換の時代に入って
　　いるという問題提起をされました。サコ先生の基調講演にもありましたけ
　　れど、インターネットと携帯電話の時代では、むしろアフリカ諸国の方が
　　日本よりも海外送金を手軽に、日常的に使っているという実態も紹介して
　　いただきましたね。では、サコ先生、お願いします。

サコ：今が、人間が最も自分に迷っている時代ではないのかなと思っていま
　　す。私たちが今までやってきたことの意味がわからなくなってきた。私た
　　ちは戦後、世界は平和になるべきだと言って国連をつくりました。その常
　　任理事国が戦争をする。世界はグローバル経済でつながっていくべきだと
　　言っていたら、市場経済自体が世界を分断してしまった。人間が作ったも
　　のすべてが疑わしくなってきた今、自分探しをしているということかなと

思います。

　迷う中で1つだけ言えるのは、誰かが何かを言われてものをつくるのではなく、コモンズ（共有財産、共用空間、社会、地域など）で当事者同士が一緒になって共創して社会をつくっていくということ。参加型社会をつくっていく中で一番重要なのは個々人の意識の持ち方だと思いま

ウスビ・サコ　先生

す。人種とか収入とかをとっぱらってミックスしたときに、社会はどのように成り立つのでしょうか。これまでの社会は、カテゴリー化して分断して孤立化が進んでしまった。それを混ぜたときにどういう新しい社会が創造できるか。共通財産である社会、地球をつくっていかなくてはいけない時代と考えています。

山岡：サコ先生、ありがとうございました。「迷い」というキーワードが出てきましたね。今までの常識とか信念というものが揺らいでいる時代。これからどうなっていくかということを、みんな不安に思っている。そういう時代ですよね。それでは有井先生、お願いします。

有井：今、サコ先生から「迷い」というキーワードが出されたことに加えて、最初に山岡先生から自分の立ち位置・座標を決めるというお話もあったかと思いますが、私は迷っている時代であると同時に、決めることにすごく価値が置かれている時代であると感じています。サコ先生の基調講演の中でも、フレームをつくって人と付き合うというお話がありましたが、複雑な時代になっていくからこそ、理解しやすくするためにいろいろなカテゴリーがどんどん出て

有井　晴香　先生

くる。今までにないようなカテゴリーがつくられていく中で、個々人がた
だ1つのカテゴリーに属するわけではなくて、多様な側面を持つわけです
が、状況に応じて個人のアイデンティティを決めることが求められるかと
思います。アイデンティティとして特定のカテゴリーに紐づけされていく
ことは同時に人と人のあいだに線を引くことにもつながっていると思うん
ですね。自分のアイデンティティを確立しようとすればするほど、線が見
えてくるというところにすごくジレンマがあるのかなと。

　私は人と人とのつながりに興味があるのですが、例えば今まで自立する
ことが重要だと言われてきて自己決定にすごく価値が置かれるけど、人は
依存しないといけない部分も必ずあると思っています。弱い部分を乗り越
えなければいけないと考えがちですが、むしろ「弱さ」として捉えられて
きたことを積極的に評価する —— 依存することをむしろ人としてのあり方
の前提として考え直すことが必要になってくるのかなと思っています。ア
イデンティティに関しても、デジタル化が進む中で、例えばSNS上にいろ
んなアカウントを1人の人が持つ。これは趣味のアカウント、これは学校
の友だちだけとか、これは自分の怒りをぶつける裏アカウント —— といっ
た感じで、いろんな「顔」を作ります。関係性によって違う「自分」をど
んどん表現していく側面があると思うんですね。そうしたときに、自分の
あり方を一貫したものとして決めなければならないのか、立ち位置は自分
で決めるものなのか、それとも自然と決まっていくものなのか —— という
ところが今後、考えていきたい部分です。

山岡：有井先生、ありがとうございました。悩みの時代、混迷の時代には、決
めるところに価値が置かれている。さらに、そういう中で他者との関わり
の重要性にも言及されました。1つに決めなくてはいけないのかどうか、地
域、国際社会、世界とのつながりを考えるときに、混迷の時代にどうやっ
て自分の立ち位置を決めていくか、さまざまな角度からお話が出たと思い
ます。

　では、それをもとにどう対応していくのか、今やっていることにどのよ
うな問題点、プラスマイナスを見いだしているのかということを視野に入

れて、さらに話を進めていきたいと思います。他者とのつながりということを、有井先生が指摘されたのですけれども、サコ先生も言われていましたね。それぞれの人が孤立しているという時代でもあると。そういう中で、他者との関わりが非常に重要になってきていると思うのですけれども、今の日本の現状、あるいは地域社会の現状をご覧になりながら、それをどう評価して、どのように考えておられるのか、お話を伺いたいと思います。

山岡　邦彦　先生

サコ：私は地域計画をするときに、どうやれば適度な迷惑をかけられるのかを考えます。日本では迷惑をかけないのがいいと言いますが、それではストレスがたまると思うんですね。迷惑をかけるということは、すなわちこちらに迷惑をかけてもいいよ、という誘いでもあるわけです。まちづくりは、そういう関わり合いがなければ難しい。京都のある長屋再生プロジェクトに参加したとき、個々人のプライベートスペースをできるだけ狭く、共通スペース、コモンズの場所を広くして、できるだけそこに皆さんが出ていけるようにしていました。別に誰かと話せなくてもそこにいるとか、誰かとそこでつながらなくても、お互いの存在を認識する。時々、物を借りたり貸したりする。そうやって、どこかで人と関わる、迷惑をかける。シェアする時代ではないかと思うんですよね。学生同士でも大人でもそうだし、シェアする中で人間関係をつくっていく。

　一人では寂しい、けれども自分の世界に入ってこられるのは嫌だっていう人が結構いるんです。私たちはどこかで、都市生活の中で関わり合いをカットしたんですね。都市はプライバシー意識を生んできたけれども、そのプライバシー自体が悪影響を持ってしまった。例えばコロナで、すごく引きこもってしまう時代になった。学生は一人で家にいて悩んで、ろくなことがなかった。解決策がないのにメディアに踊らされていた。実は、社

会的距離は人と関わる中で身につく。人の中にいることで、悩んでいるのは自分だけではないという共通項が見えてくる。キャンパスとは勉強だけをしに来るところではなくて、社会的な訓練をするところでもある。そう解釈すると、キャンパスに出てくることによって、コロナもみんなで一緒に乗り越えていけると認識できる。シェアをするとか、コモンズとして関わるとか、適度な迷惑をかけるっていうのが重要なのではないかなと思っています。駄目って言われていたものを、いいよねっていう言葉に変えるだけで、ポジティブに社会が変わっていくのではないかなと思います。

山岡：都市生活で共通の空間を拡大していくことの意味合いについてご指摘くださいました。どちらかと言えばプライベートの部分が膨らみがちだっただけに、今や人々はどう共通の空間の中で関わっていけばいいのか戸惑いを感じていると。しきりにうなずいておられましたが、齋藤先生は実際に学生を現場に連れて行って、異文化の中に放り込んだりして、その中で齋藤先生が考えておられることはどういうことですか。

齋藤：学生さんのことを、私たちはわかっているつもりでいますが、実は授業を受けているときの学生の姿しか見えてない、つまりわかっていないと思っています。ときどき学生のアルバイト先に行く機会があると、まるで別人のように目をキラキラさせて働いていることに驚かされます。

　函館校で4年前からスタートし、現在道内8カ所で行っている地域づくり支援実習でも同様のことが言えます。私は実習期間中に必ず1回は巡回指導に行くんですが、「元気です！」「楽しいです！」と言ってくれる。みんなキラキラしているのです。楽しくて勉強になるのは最高でしょうね。そういう姿はとても素敵だと思います。本当の意味で学んでいる姿を目の当たりにさせられるわけですね。学ぶということは本来楽しいことなのです。そして大学の存在意義を改めて考えさせられるわけです。

　学生たちは学びたくないわけではなく、本当は学びたいと思っている。そのニーズに応えられるような舞台を、私たちは用意できていないのではないかと思います。実習先となっている地域は、そうしたニーズにマッチした学びの適地であり、その素晴らしい学びの舞台で学生たちはみんなキ

ラキラしてくる。学生たちにとってのロールモデルになるような地域住民の方もたくさんいらっしゃいますが、そういう人たちは、こうして指導してくださいなどと一切言わなくても、学生たちをしっかり受け止め、教育してくださいます。

　函館校は、10年ほど前に改組した際、「地域が教室、住民たちが先生」とスローガンに掲げて再出発しています。当初は半信半疑でしたが、先ほどご紹介した実習の取り組みなどを通じて、間違いなかった、現実になったと今は実感しています。人口減少や少子高齢化などに起因するさまざまな地域課題に、地域の人たちとパートナーシップを結びながら、協働して解決していこうとするとき、学生や住民の方にいかにそれぞれの得意な分野を発揮してもらえるかが大切です。それぞれが持っている、本当は地域のために生かしたいという力を、もしかしたら、何か社会の雰囲気のようなもので封じ込めたり、力の発揮を阻害したりしているものがあるのではないか、それを解放するようなアプローチができれば、もっと人は生き生きできるし、それぞれの持てる力を発揮することで、社会はより良くなっていけるのではないか——そういう期待感のようなものを最近強くしています。

山岡：では金先生、デジタル転換の今の時代にあって、人々に必要なことは何だとお考えでしょうか。

金：デジタル転換の時代の中で、私たちはいろいろな変化を経験しています。若い人たちは仮想世界と現実世界を行き来しながらその境界を崩していく。また、グローバル化の進展によって、物も人も情報も移動している。つまり、あらゆるものが移動している中で、境界線がだんだん曖昧になっていることを実感しています。でも、いざとなったら、私たちは、再び線を引いて、いとも簡単に壁や境界線を作り始めます。

　人は誰しも偏見を持っています。また、サコ先生の基調講演でもお話がありましたように、自分の経験というバイアスをかけて人を見る傾向があります。私は日本で大学を出たのですが、まさにそうでした。偏見で自ら

線を引いたり、いつの間にか他者によって線が引かれたりして、何度も断絶を経験しました。しかし、このように偏見やバイアスで人を見るのではなく、共感とかつながりからまずお互いの共通点を見つけ合うことが必要だと思います。違うことに敏感になるのではなく、経験や考えを共有していく、その中で連帯感が生まれる。

　そのためには、他者との民主的な合意形成について絶えず考えなければなりませんが、なかなか難しい。そもそも私たちは深く考えることを嫌がります。深く考えることは大変だし、手間暇もかかります。だから便利なものに頼る。また、自ら情報を選んだと思うけれども、実はアルゴリズムによってむしろ私たちが情報に支配されていることに気がつかず、偏った情報で人を見るときもあります。デジタル転換の時代だからこそ、時間をかけて共有する、適度な迷惑をかけながら持ちつ持たれつの関係の中で、他者と常に話し合う姿勢が求められていると思います。

山岡：いろいろ含蓄のあるご指摘でした。デジタル化というと膨大な情報量の中から、答えが瞬時に出る。ということは、非常に拙速に短絡的な判断を求めがちになる。しかし金先生は、長い時間をかけてじっくり考えることがむしろ大事な時代だとおっしゃいました。確かに、短絡的にすぐ答えを求めるようになるとイライラするというか、自分と同じ答えを出さない人に対しては非常に排他的になりがちですね。今の時代を有井先生はどのようにご覧になっておられますか。

有井：今のお話の中で適度な迷惑をかけるというお話があったと思うんですけど、逆に私は日本人としてアフリカ（エチオピア）でこれまでに合わせて2年ほど暮らした中で、誤解を招くかもしれませんが、いろいろと「煩わしいな」と感じることがありました。ひとりの時間が本当にないんですよね。村でホームステイしていたんですけど、寝るときは歳が近い女の子が横にきて一緒に寝る。たまにお客さんとかが来て布団が足りなくなると、同じ布団でぎゅうぎゅう詰めになって寝て、そのうち私がはじき出されてしまうようなこともよくあったんです。そんな感じで夜、全然眠れない。朝起きて、ご飯を食べるときは、みんなで同じ一枚のお皿から食べる。それか

ら「今日は何する？」「私は調査のために世帯を回るね」みたいな感じで出かけて。家の敷地の垣根が低いから道を歩いていると、家屋の外にいる人が見える。みんな庭に椅子を置いて座っていろいろ作業したりとか、お茶を飲んだりとかしているのです。私が道を歩いていると、そういう庭にいる人が「おい外国人！」みたいな感じで必ずといっていいほど声をかけてきて、「どこ行くの？」とか聞いてくる。いつも、なんで聞くんだろうと不思議に思いながら、「どっか行く」とか適当に答えたりもするんですけど、とにかくみんな私が通りかかると放っておいてくれない。それから、調査のために誰かの家を訪ねたときとかは、私はみんなの話を聞きたい。みんなが話をしている場所で、私は影のようになってじっと観察しようと思うんですけど、放っておいてくれないんですよね。私が黙っていると、その場の話がひとしきり終わった後に、「大丈夫？　お喋りしなさいよ」って声をかけられる。その場にただいるだけじゃなくて、関わることを積極的に促されるんですね。そういうことがたまに煩わしいと感じたりしていたのですが、それがだんだん当たり前になってくると、今度は日本に帰ってきたときに、違和感を覚えたりする部分があるんです。

　不便さであったり、迷惑だったり、煩わしいなという何らかのマイナスに見えるようなことから、意外とプラスの部分が生まれてくるというか。マイナスに見える部分を排除すればするほど快適になるかというと、実はそうでもないのかも、と思ったりします。

　「迷惑」とは違うかもしれないのですが、アフリカでモノをもらうことがあるんですね。その土地の民芸品のようなものを「これ、あなたにあげるね」みたいな感じでもらう。そうすると、お返しをしないといけないと思って、そのときに私が持っているものの中から何をあげたらいいかなと、すぐに返そうとしたら、すごく嫌な顔をされたんです。「なぜすぐに返すのか」と。これが、少し日本での感覚と違うところだと思うんですけど、借りをつくっておくことは関係性をつなぐことになるんですよね。それを直ちに返してしまうのは、そこで貸し借りの関係性がなくなってしまって、交流が途切れることになる。日本にいると、たとえば「割り勘」のような

形で後腐れがないようにその場ですべてが精算されてしまう。そのため、関係性をどうつないでいくのかをまた別のロジックで考えていく必要があるかと思うのですが、もしかしたら、あえて借りをつくるということも、意外と重要になるのかもしれないと考えています。

山岡：なるほど。借りをつくらなければ関係はそこで終わってしまう。借りをつくっておいたままの方が関係は長続きする、そこにプラスを見いだすという視点ですね。まだまだいろいろお話を伺いたいのですけど、そろそろまとめに入らないといけません。「未来への足がかりをどう築くか」というテーマですから、ここからは未来に向けた視点、とくに地域社会と世界との関係を視野に収めながら、思いの丈をお話しいただきたいと思います。齋藤先生からよろしくお願いします。

齋藤：今、貸し借りの話がありましたが、社会福祉の現場へ実習に行った学生たちが、比較的安易に「利用者と信頼関係を構築できた」と言うことがあります。「信頼関係ってどういう関係？」と聞くと、「世間話ができる関係」と答えるのです。もちろんそれだけで信頼関係とは言えませんよね。私は信頼の証は、まさに貸し借りだと思っています。例えば、私が先ほどご紹介した地域づくりの実習先のなかには、日頃から仕事上の貸しがある地域もあります。だからたまには返さなくてはならないと思ってくれるのです。返してもらったときに、私は「また借りをつくっちゃった。今度返します」と言うわけです。だから関係が続いていく。

　私は貸し借りというのは、自らの弱さの自覚であり、また誰かの力を頼り、巻き込むことができる強さかもしれないと思います。貸し借りとは、誰かとつながりを保っていることによる強さでもあるかもしれない。そして、頼られた相手は迷惑かというと、決して迷惑ではなく、むしろ自分の得意を生かせたという強みにもなるし、その人の力が引き出されたことになるわけです。結果、地域が活性化するかもしれないですよね。

　そのように貸し借りをつくる関係を考えていくと、私は私の至らない部分を誰かに頼ることで、誰かの力が発揮され、あるプロジェクトがうまく

いき、私はそのプロジェクトがうまくいったことを周囲に評価され、回り回って私の強みになっています。

　また、例えば「この函館には魅力がない、何もない」という人がいます。でも函館には「何でもある」という人もいるわけです。この違いは何でしょうか。地域の魅力とは「つくるものではなく、気づくもの」だという名言が、先ほどご紹介した地域づくりの実習に行った学生たちから生まれたんですが、まさにそのとおりだと思います。

　地域にはまだまだ発揮されていない力がたくさんあると思います。それにみんなで気づき、生かし合うこと。そうした力を発揮できるような舞台さえ地域にあれば、未来はそんなに暗くない。学生たちの最近の雰囲気を見ていると、社会を変えていこうとか、自分たちの手でつくっていこうという一種の芽生えのようなものが、随所にほころび始めていることを実感します。そういうところにこれからもぜひ期待したいし、応援したいと思っております。

山岡：ありがとうございました。それでは金先生お願いします。

金：先ほどサコ先生のコメントの中で、自分探しの時代というのを聞いて、なるほどと思いました。探している途中ということは、答えが決まってない。どこにでも展開できるし、どこまでも発展できるという、ポジティブな考えでいてほしいです。ただ、じっとするだけでは何も生まれないし、また何かを一人でするには限界があります。せっかく大学にいるわけなので、共感できる仲間を見つけて経験を共にする。齋藤先生の実習報告会に私も何度か参加したことがありますが、座学ではなかなか学べないことを実習先でいろんな経験をとおして学生さんが学んでいる姿を見て、また私たち教員もできる限りのサポートをしていきたいと思いました。

山岡：はい、ありがとうございました。それでは有井先生。

有井：齋藤先生と金先生がおっしゃられたことに、もう新しく付け加えたいことがないように思っておりますが、私も最初に申し上げたように依存することの重要性、貸し借りとか弱さの自覚が強さに変わるというお話もありましたように、そういった部分が非常に重要だと思っています。人とのつ

ながりをつくっていくときに、人と何かが共有される。それは場であったり、時間であったり、あるいは考えであったり、もしかしたら何かモノかもしれません。その機会をどうやってつくるかがすごく重要なのかなと思います。

山岡：それでは最後にサコ先生から、お願いします。

サコ：皆さんがおっしゃるとおりですね。私からは2つ言います。一つは、グローバル化はもう選択ではないということ。足元にやってきているのだから、他者との違いを否定するのではなくて、違いがあるのだからそれを足すことでポジティブに転じていくことが重要なんですよ。将来必要なのはソーシャルイノベーター、社会的革新力だと思います。先ほど齋藤先生がお話しされていた、場を変えるだけでめちゃくちゃ学生から学ぶということ。「こいつ、これができるのか」って。普段教室の中では気づかないですよね。学生の力を信じて、学生の話に耳を傾けるよう、まず私たちが姿勢を変えていくのも大事だと思います。

　今の大学は、ポリシーとカリキュラムを作って、そのとおりになっているかを確認して、それを学生が評価してくれて――。「なにが嬉しいねん」って話ですよ。学長がゆうたらあかんけどね。95%の学生がポリシーどおりに育って、世界や社会に出ていく。「大学って工場ですか、私は工場長ですか」かと自問して「工場をやめたい、畑に行きたい」と思ったんですよ。種を播いて水を撒いたら、違う芽が出てくる。育ち方も違う。それが全部楽しみだ。これこそが、かつての教育現場ではないかなと思うんです。畑の教育現場に再び戻って、学生の力を信じて生かし、学生たちと私たちの信頼関係を取り戻すことが重要ではないでしょうか。

　もう一つは、情報は一人歩きしちゃう。金先生のお話に戻ると、情報に頼ってしまうと、知っているつもりで誤解する場合がある。相手も十分知らない可能性がある。情報とどう付き合うかは非常に重要な問題です。もっとよく話し合う、そういう場をつくって一緒にやっていくことが重要なのかなと思います。

山岡：多様性を重視するグローバル時代に、コモンズ、共通の空間に身を置い

て皆の力を出し合って課題に取り組んでいく、その必要性についてサコ先生からご指摘をいただきました。さて、今日は大変限られた時間でしたけれども、パネリストの皆さまから、未来への足がかりをどう築くかについて、いろいろな観点からお話をしていただきました。共に歩むことが大きな力になることを教えられたように思います。本日はどうもありがとうございました。(拍手)

(質疑応答は略)

パネルディスカッション全景

あ と が き

　グローバル化とともに地域社会も繁栄していくというのが理想的なあり方だろう。現実には、グローバル化の中で地域社会の課題があぶり出され、解決への取り組みが求められている。

　豊かさの指標である国内総生産（GDP）で、昨年（2023 年）、日本はドイツに抜かれて第 4 位となった。1968 年に西ドイツを抜いてアメリカに次ぐ世界第 2 位の経済大国に躍進した日本は、長くその地位を享受してきたが、2010 年には中国に、そして、いままたドイツに追い越された。人口減少社会の日本は、やがてインドにも追い抜かれると予測されている。インドは昨年、人口 14 億人の中国を凌駕する世界一の人口大国となった。経済成長も右肩上がりだ。

　そのインドの人口増の勢いを上回るのが、アフリカ大陸全体の人口増加率だという。アフリカ大陸 54 カ国の人口を合計すれば、すでに 14 億人、アフリカ大陸が内部に多くの深刻な問題を抱えているにもかかわらず、世界経済の中で最も可能性を秘めた地域として注目されているのも、豊富な人的資源があるからにほかならない。

　日々変化する世界の中、自ら変わっていく努力を怠れば取り残されてしまう。そういう問題意識の下で、『国際地域研究　VI』の編集を進めた。

　第 1 部「国際地域研究の座標軸」では、アフリカのマリ共和国出身のウスビ・サコ京都精華大学教授による講演録と、論文 2 本を掲載した。第 2 部の「教育に資する国際地域研究」には論文 4 本を掲載した。第 3 部は 2023 年 6 月のシンポジウムにおけるパネルディスカッション「未来への足がかりをどう築くか」を収録した。また各論文のあとにコラムを載せた。ご一読願いたい。

2024 年 3 月

北海道教育大学函館校　国際地域研究編集委員会

山岡邦彦（編集長）・木村育恵・長尾智絵・有井晴香・山川卓・平井健文

執筆者紹介
（執筆順）

田口　哲　（たぐち　さとし）

　　北海道教育大学長

　　担当：序言

ウスビ・サコ　（うすび　さこ）

　　京都精華大学学長を経て現在、同全学研究機構長。マリ共和国生まれ。京都大学大学院工学
　　研究科建築学専攻博士課程修了。博士（工学）。専門は空間人類学。著書に『アフリカ人学
　　長、京都修行中』（文藝春秋）、『ウスビ・サコの「まだ、空気読めません」』（世界思想社）他。

　　担当：講演録、パネルディスカッション　パネリスト

山川　卓　（やまかわ　たかし）

　　立命館大学大学院国際関係研究科博士後期課程修了。立命館大学情報理工学部授業担当講師
　　を経て、現在、北海道教育大学函館校国際地域学科講師。博士（国際関係学）。著書に『マ
　　イノリティ保護のクロアチア政治史』（晃洋書房）他。

　　担当：第1章、コラム1

今在　慶一朗　（いまざい　けいいちろう）

　　東北大学大学院博士課程単位取得退学。東北大学大学院助手、北海道教育大学函館校助教授、同准
　　教授を経て、現在、同国際地域学科教授。博士（文学）。社会心理学専攻。著書に 'Influence of
　　national identity on ideology of autonomy in social welfare'（Tohoku Psychologica Folia, 79）他。

　　担当：第2章

奥田　秀巳　（おくだ　ひでみ）

　　広島大学大学院文学研究科博士課程後期修了。富山国際大学子ども育成学部講師を経て、現
　　在、北海道教育大学函館校国際地域学科准教授。博士（文学）。著書に『哲学する教育原理』
　　（共著、教育情報出版）他。

　　担当：第3章

佐藤　香織　（さとう　かおり）

筑波大学大学院文芸・言語研究科博士課程退学。同大学助教、大韓民国慶北大学校招聘教授、青森中央学院大学日本語講師等を経て、現在、北海道教育大学函館校国際地域学科教授。修士（言語学）。著書に『国際地域研究Ⅱ』（共著、大学教育出版）他。

担当：第4章

村田　あきの　（むらた　あきの）

北海道教育大学大学院教育学研究科修了。北海道教育大学函館校非常勤講師を経て、現在、函館大谷短期大学助教。修士（教育学）。日本語教育学専攻。論文に「日本語中級レベルの留学生を対象とした多読教材の開発」（『函館国語』第36号）。

担当：第4章

中村　佳子　（なかむら　よしこ）

北海道教育大学大学院教育学研究科修了。日本語学校専任講師や青年海外協力隊（日本語教育）を経て、現在、北海道教育大学函館校非常勤講師。修士（教育学）。日本語教育学専攻。

担当：第4章

石森　広美　（いしもり　ひろみ）

東北大学大学院教育学研究科博士課程修了。宮城県公立学校教諭を経て、現在、北海道教育大学函館校国際地域学科准教授。博士（教育学）。専門は国際理解教育・英語科教育。著書に『「生きる力」を育むグローバル教育の実践』（明石書店）他。

担当：第5章、コラム5

細谷　一博　（ほそや　かずひろ）

上越教育大学大学院学校教育研究科（障害児教育）修了。現在、北海道教育大学函館校国際地域学科地域教育専攻教授。著書に『知的障害／発達障害／情緒障害の教育支援ミニマムエッセンス』（共著、福村出版）他。

担当：第6章

大岩　みやび　（おおいわ　みやび）

北海道教育大学函館校国際地域学科地域教育専攻卒業。現在、函館市立八幡小学校教諭。学士（教育学）。

担当：第6章

村田　敦郎　（むらた　あつろう）

早稲田大学大学院人間科学研究科博士課程修了。共栄学園短期大学（助教）を経て、現在北海道教育大学函館校国際地域学科教授。博士（人間科学）。宗教学（文化人類学／民俗学）専攻。著書に『エコ・イマジネール―文化の生態系と人類学的眺望』他。

担当：第7章

齋藤　征人　（さいとう　まさと）

北海道医療大学大学院看護福祉学研究科博士課程単位取得満期退学。社会福祉法人帯広福祉協会支援員などを経て、現在、北海道教育大学函館校国際地域学科教授。修士（臨床福祉学）。社会福祉士。著書に『地域福祉と包括的支援体制』（共著、弘文堂）他。

担当：パネルディスカッション　パネリスト

金　鉉善　（きむ　ひょんそん）

広島大学大学院社会科学研究科法政システム専攻博士課程修了。同大学大学院社会科学研究科研究員、同大学法学部非常勤講師等を経て、現在、北海道教育大学函館校准教授。博士（法学）。民事法学専攻。著書に『国際地域研究Ⅱ』（共著、大学教育出版）他。

担当：パネルディスカッション　パネリスト

有井　晴香　（ありい　はるか）

京都大学大学院アジア・アフリカ地域研究研究科博士課程修了。現在、北海道教育大学函館校国際地域学科准教授。博士（地域研究）。著書に『ようこそアフリカ世界へ』（分担執筆、昭和堂）他。

担当：コラム4、パネルディスカッション　パネリスト

【コラム】

平井　健文　（ひらい　たけふみ）
　　北海道教育大学函館校講師
　　担当：コラム 2

木村　育恵　（きむら　いくえ）
　　北海道教育大学函館校教授
　　担当：コラム 3

山岡　邦彦　（やまおか　くにひこ）
　　北海道教育大学函館校前特任教授
　　担当：コラム 6、パネルディスカッション　モデレーター

長尾　智絵　（ながお　ちえ）
　　北海道教育大学函館校准教授
　　担当：コラム 7

国際地域研究 VI

2024 年 6 月 28 日　初版第 1 刷発行

■ 編　　　者―――北海道教育大学函館校　国際地域研究編集委員会
■ 発 行 者―――佐藤　守
■ 発 行 所―――株式会社 大学教育出版
　　　　　　　　〒 700-0953　岡山市南区西市 855-4
　　　　　　　　電話（086）244-1268　FAX（086）246-0294
■ 印刷製本―――モリモト印刷㈱

ISBN978-4-86692-305-5

シリーズ紹介

国際地域学科を創設した北海道教育大学函館校が、最新の研究と公開シンポジウムの成果をまとめて、国際地域研究に一つの視座を提供する。

2019/3/30 発行
212 頁
本体 2,200 円＋税
ISBN：
　978-4-86692-006-1

世界の潮流に鋭敏に対応しつつ、地域の現実的課題に取り組むなかで得られた最新の知見から、地域活性化への生かし方を探る。

2020/3/30 発行
226 頁
本体 2,200 円＋税
ISBN：
　978-4-86692-063-4

コロナ禍にさらされたグローバル化時代、危機をチャンスへと変えていく知恵が問われる。北海道教育大学函館校が地域活性化への今後のヒントを提示する。

2021/4/30 発行
264 頁
本体 2,200 円＋税
ISBN：
　978-4-86692-110-5

コロナ禍とロシアのウクライナ侵攻によって世界は大きく変わった。世界と地域の関係を読み解くうえで欠かせないのは、しっかりした座標軸をもつことである。

2022/6/10 発行
266 頁
本体 2,200 円＋税
ISBN：
　978-4-86692-198-3

国際社会の先行きが不透明さを増すなか、地域が直面する課題について国際的な連関性を意識していくことがその解決に重要なヒントを与えてくれる。

2023/6/12 発行
240 頁
本体 2,200 円＋税
ISBN：
　978-4-86692-251-5

函館市の市花：ツツジ